INADVERTIDOS

Personajes bíblicos no tan conocidos

Por
SUSANA QUERO DE TOSINI

Quero de Tosini, Susana
    Inadvertidos : personajes bíblicos no tan conocidos . - 1a ed.
        Córdoba : El Amanecer, 2013.

    160 p. ; 20x14 cm.

    ISBN 978-987-26930-9-1

    1. Estudios Bíblicos. I. Título
    CDD 220.7

1ª edición
Fecha de catalogación: 05/11/2013
ISBN 978-987-26930-9-1

A menos que se indique lo contrario las citas bíblicas se tomaron de la versión Nueva Traducción Viviente (NTV).

Corrección y edición: *Luis Manoukian*
luismanoukian@gmail.com
Diseño de tapa: *Martín Vega*
Diseño interior: *Julieta Valle*

Para conectarse con la autora:
susyquero_728@hotmail.com

CONTENIDO

DEDICATORIA

Dedico este libro a mis queridos alumnos, los que pasaron y a los que todavía concurren a mis clases de estudio bíblico, porque son los que no permiten que decaiga mi deseo de estudiar las Sagradas Escrituras cada día con más dedicación.

También porque fueron ellos los que insistieron para que este libro saliera a la luz.
¡Gracias chicos!

Prefacio

Por insistencia de algunos de mis nietos, y también por mis alumnos, me decido a escribir este libro. Incluiré ciertos personajes de la Biblia, que han llegado a ser familiares para mí, sin que sean nombrados, alguno de ellos, más que en uno o dos versículos.

Me doy cuenta que, cuando menciono alguno de ellos en un mensaje, la gran mayoría de mi auditorio me mira como preguntando de quién habla. Esto me hizo pensar en la gran cantidad de hermanos anónimos de nuestras iglesias, que recién cuando faltan, nos damos cuenta la importancia que tuvieron o el ministerio silencioso que realizaban.

Salomón describe al respecto en Eclesiastés 9:13-16 "Hay otro aspecto de la sabiduría que me quedó grabado al observar cómo funciona el mundo. Había una ciudad pequeña con unos cuantos habitantes, y vino un rey poderoso con un ejército y la sitió. Un hombre pobre pero sabio sabía cómo salvar la ciudad, y así la ciudad fue rescatada. Sin embargo, pasado el incidente, a nadie se le ocurrió darle las gracias. Por lo tanto, aunque la sabiduría es mejor que la fuerza, los sabios —si son pobres— también serán despreciados. Lo que digan no será valorado por mucho tiempo".

Este relato trae a mi memoria el recuerdo de mi "tía Rosa", miembro de la iglesia a la cual asistí por muchos años durante mi niñez, adolescencia y juventud. Todos le decíamos "tía Rosa", aunque no era tía de nosotros (después llegó a serlo porque me casé con su sobrino). Ella realizaba una tarea silenciosa por muchos años, no nos dimos cuenta de su gran labor, hasta que sufrió una quebradura y tuvo que ser internada en Córdoba, y nunca más volvió.

Siempre que llegábamos a la iglesia, aunque fuera unos minutos antes de la hora, estaba todo limpio, acomodado y en orden. El reloj (en ese tiempo, todavía a cuerda) siempre lucía en hora y algunas flores frescas adornaban la plataforma. Estábamos tan acostumbrados a ver la iglesia en esas condiciones, que –al menos yo– ni me daba cuenta quién lo hacía. Inclusive, cuando era muy chica, pensaba que el Señor mandaba sus ángeles a limpiar su casa.

Luego que a la tía Rosa la trasladaron a Córdoba, llegábamos a la iglesia para alguna reunión, especialmente durante la semana, y nos encontrábamos con la sorpresa que no sólo estaba cerrada, sino que nadie sabía quién tenía la llave. Entonces comenzaba el recorrido por la casa de Eduardo, Luisito, Tayo, etc., hasta que aparecía alguien con el preciado tesoro y se podía acceder. Pero, ¡oh sorpresa!, al ingresar nos encontrábamos con los bancos desacomodados y con polvo acumulado de varios días; papeles en el piso, flores marchitas y, muchas veces, el reloj parado.

Como para entonces ya éramos varios los que ingresábamos, en pocos minutos tratábamos de dejar todo en orden para poder comenzar la reunión; por supuesto tarde, por todos los inconvenientes relatados. Recién ahí empezamos a valorar la tarea de la tía Rosa por tantos años, sin que nadie se diera cuenta, y no sólo eso, sino que muchas veces tuvo que soportar las quejas de varios que le exigían ciertas cosas como si fuera su obligación.

¿Por qué valoramos las cosas cuando el Señor permite que ya no las tengamos? ¿O, por qué apreciamos el trabajo de ciertos hermanos, recién cuando Él los lleva a su presencia o se trasladan a otro lugar?

La Biblia tiene relatos fascinantes de muchos personajes no tan conocidos, que nos dejan enseñanzas preciosas. Por algo 2 Timoteo 3:16, nos dice claramente que "**Toda la Escritura** es inspirada por Dios y **útil** para enseñar, para redargüir, para corregir, para instruir en justicia" (RVR60, énfasis añadido). Pero la mayoría de las veces, las enseñanzas se extraen de los principales personajes de las Escrituras (que, por supuesto, son extraordinarias), sin tener en cuenta que hay otras personas, no tan relevantes, que tuvieron mucho que ver en la vida de ellos, pero de los cuales casi ni se habla.

Un ejemplo muy claro es David: ¿Quién no conoce al rey "conforme al corazón de Dios"? Seguramente la mayoría. Pero, ¿quién conoce los personajes que tuvieron que ver con su vida? Algunos, son conocidos, otros no tanto. ¿Quién conoce a Selomit, a Jasobeam hijo de Hacmoni, a Adino, el eznita, Eleazar hijo de Dodo, ahohita o Sama, hijo de Age? ¿Le suenan familiares estos nombres? Si somos honestos, no. Sin embargo, tuvieron una hermosa tarea a su cargo, colaborando con el rey David.

Veamos el primero de la lista: Selomit (1 Crónicas 26:25-28, RVR60) ¡Miren la tarea de este personaje! Estaba encargado de cuidar y proteger "todos los tesoros de todas las cosas santificadas que había consagrado el rey David… y todo lo que cualquiera consagraba". Lo hacía con sus hermanos, pero como figura su nombre, evidentemente cargaba con la responsabilidad mayor.

¿Nos damos cuenta la tarea desempeñada por Selomit? ¡Cuidar y preservar los "tesoros santificados"! ¡Vaya tarea! No sé dónde se guardarían esos tesoros (la Biblia no lo dice), pero me imagino que sería en alguna habitación especial del palacio o del templo.

¿Quién era Jasobeam hijo de Hacmoni? (1 Crónicas 11:11). Era el principal entre los capitanes del rey David. Por algo el rey lo puso en ese cargo.

¿Qué hizo Adino el eznita? "Mató a ochocientos hombres en una ocasión". Así dice la Biblia, en 2 Samuel 23:8, seguramente todos ellos enemigos de Israel.

¿Quién era Eleazar hijo de Dodo, ahohita? Este era "uno de los tres valientes que estaban con David cuando desafiaron a los filisteos que se habían reunido allí para la batalla, y se habían alejado los hombres de Israel. Este se levantó e hirió a los filisteos hasta que su mano se cansó, y quedó pegada su mano a la espada..." (2 Samuel 23:9-10, RVR60). Dios les dio una gran victoria a través de él y el pueblo lo único que hizo fue volver para recoger el motín. ¿Se da cuenta de la colosal hazaña de este hombre? ¿Recuerda su nombre?

¿Y qué sabemos de Sama hijo de Age? (2 Samuel 23:11-12). "Los filisteos se reunieron en Lehi, y atacaron a los israelitas en un campo lleno de lentejas. El ejército israelita huyó", su enemigo. "Pero Sama no cedió terreno en medio del campo e hizo retroceder a los filisteos. Así que el Señor le dio una gran victoria. Los últimos mencionados pertenecen a la lista de los valientes de David y, ante su deseo de beber de la fuente que estaba en Belén, tres de ellos no dudaron e irrumpieron por el campamento de los filisteos, exponiendo sus vidas, para cumplir el deseo de su rey.

Lo que a mí me admira de esta gran lista de valientes es el que David menciona al final (2 Samuel 23:39): Urías heteo. ¡Justamente aquel a quién él mandó matar y se quedó con su esposa! A pesar de eso, no tengo la menor duda de que era un valiente entre los valientes, porque no dudó en ir en la primera fila a luchar contra Rabá (1 Crónicas 20:1), aun a costa de su propia vida. ¡Y David lo reconoce!

Ninguno de nosotros duda lo extraordinario que fue David. Su dependencia del Señor. Su valentía, etc. Pero, ¿hubiera podido ser todo eso si no hubiera tenido a su lado a estos y otros personajes casi inadvertidos por nosotros? Nadie puede hacer solo la obra de Dios.

Podríamos seguir con una gran lista, pero solamente quiero dejar estos ejemplos para que seamos conscientes lo poco que los valoramos. Y lo que es peor, ¡cuántas veces los juzgamos mal!, cuando no estamos dispuestos a hacer ni la mitad de lo que ellos hicieron.

Con esa idea, y con un poco de imaginación, quisiera que paseáramos por algunos sucesos que, sin ser de la talla de grandes hombres y mujeres de Dios, nos dejan enseñanzas prácticas para la vida diaria. ¡Ojalá que estas reflexiones sirvan para que comencemos a valorar y apreciar la tarea de nuestros hermanos casi anónimos, que seguramente toda iglesia tiene, antes que los perdamos y lo lamentemos!

Mi deseo es que, después de leer las páginas de este libro, todos seamos atraídos a conocer más de las Escrituras y especialmente al SEÑOR de la misma.

I

Ahitofel, orgullo herido

Lectura bíblica: 2 Samuel 13 al 17.

Absalón, después de enterarse de la violación de su hermana Tamar por su medio hermano Amnón, le aconsejó que no se lo diga a nadie y se quede en su casa. Como su padre no tomaba cartas en el asunto, él maquinó su venganza. Se dijo: "¡No puede ser que ese acto tan bajo quede sin el pago merecido!".

Después de dos años, organizó una fiesta cuando se esquilaban sus ovejas, e invitó a todos los hijos del rey David, su padre. Este se negó a ir, con el pretexto que le sería una carga, a lo que Absalón insistió para que fueran los hijos del rey y, entre ellos, su hermano Amnón. A esto accedió David, sin imaginar siquiera el mal que había tramado su hijo.

Absalón preparó un banquete digno de un rey y les dijo a sus hombres:

—Esperen hasta que Amnón se emborrache; entonces, a mi señal, ¡mátenlo! No tengan miedo. Yo soy quien da la orden. ¡Anímense y háganlo!

Los sirvientes cumplieron lo ordenado. Todos los demás

hermanos huyeron ante ese crimen. Absalón, sabiendo que su vida corría peligro, huyó también adonde vivía su abuelo materno, Talmai, rey de Gesur y se quedó allí tres años.

Talmai era el rey de un pueblo sojuzgado por David. No le quedaba más remedio que pagar el tributo correspondiente. Pero contaba con una gran ventaja: su nieto era hijo de este rey y había venido a refugiarse en su casa. Esta era una buena oportunidad para aconsejarle cómo llegar al reino. De esa manera tendría un pariente muy cercano en el trono y no solamente dejaría de pagar tributo, sino que además tendría otros beneficios adicionales.

David, ya resignado ante la muerte de Amnón, anhelaba reencontrarse con su hijo Absalón. Joab, su sobrino, conociendo sus sentimientos, mandó una mujer de Tecoa con fama de ser muy sabia y convenció a su tío para que hiciera volver a su hijo desterrado.

Absalón regresó de Gesur, pero durante dos años no pudo ver al rey. Reclamó al respecto a través de Joab, y mediante una treta muy baja consiguió que David lo volviera a admitir en el palacio.

Llegó el momento tan esperado de Absalón. Con halagos, adulaciones y haciendo quedar mal a su padre, compró el corazón de muchas personas. Después de cuatro años, se dio cuenta que ya tenía ganada la voluntad de casi todo el pueblo de Israel y, engañando a su padre, se dirigió a Hebrón y se proclamó rey.

David, al enterarse, se negó a luchar contra su hijo y prefirió huir de Jerusalén y dejarle el trono. A esa huída se unió mucha gente que apreciaba a su rey.

Al subir rumbo al monte de los Olivos, llorando, con

la cabeza cubierta y los pies descalzos en señal de duelo, las personas que iban con David también se cubrieron la cabeza y lloraron acompañándolo en su dolor.

Alguien, que se unió al grupo, le contó que su consejero Ahitofel ahora respaldaba a Absalón. David oró así:

—"Entorpece ahora, oh Jehová, el consejo de Ahitofel".

Al llegar David a la cima del monte de los Olivos, donde la gente adoraba a Dios, Husai el arquita lo estaba esperando con sus ropas rasgadas y polvo sobre su cabeza, en señal de duelo.

—Si vienes conmigo sólo serás una carga —le dijo el rey—. Regresa a Jerusalén y dile a Absalón: "Ahora seré tu consejero, oh rey, así como lo fui de tu padre en el pasado". Entonces podrás frustrar y contrarrestar los consejos de Ahitofel.

Entonces Husai, el amigo de David, regresó a Jerusalén justo cuando llegaba Absalón y enseguida lo fue a ver.

—¡Viva el rey! ¡Viva el rey! —exclamó.

—¿Es esta la forma en que tratas a tu amigo David? —le preguntó Absalón—. ¿Por qué no estás con él?

—Estoy aquí porque le pertenezco al hombre que el Señor escogió y por todos los hombres de Israel —le respondió Husai—. De todos modos, ¿por qué no te serviré? ¡Así como fui el consejero de tu padre, ahora seré el tuyo!

Después Absalón se volvió a Ahitofel y le preguntó:

—¿Qué debo hacer ahora?

—Ve y acuéstate con las concubinas de tu padre —contestó Ahitofel—, porque él las dejó aquí para que cuidaran el palacio. Entonces todo Israel sabrá que has insultado a tu padre más allá de toda esperanza de reconciliación, y el pueblo te dará su apoyo.

Entonces levantaron una carpa en la azotea del palacio para que todos puedan verla, y Absalón entró y tuvo sexo con las concubinas de su padre. De esa manera siguió el consejo de Ahitofel, tal como lo había hecho David, porque cada palabra que decía Ahitofel parecía tan sabia como si hubiera salido directamente de la boca de Dios.

Viendo Ahitofel que Absalón seguía sus sugerencias, le aconsejó:

–Déjame escoger a doce mil hombres que salgan en busca de David esta noche. Lo alcanzaré cuando esté agotado y desa-nimado. Él y sus tropas se dejarán llevar por el pánico y todos huirán. Luego mataré sólo al rey, y te traeré de regreso a toda la gente, así como una recién casada vuelve a su marido. Después de todo, es la vida de un solo hombre la que buscas. Entonces estarás en paz con todo el pueblo.

Este plan le pareció bien a Absalón, así como a todos los ancianos de Israel que estaban con él.

Pero, no estando seguro de su éxito, mandó a traer al otro consejero de su padre: Husai el arquita para saber lo que él pensaba acerca de este plan.

Cuando Husai llegó, Absalón le contó lo que Ahitofel había dicho y le preguntó:

–¿Qué opinas? ¿Debemos seguir su consejo? Si no, ¿qué sugieres?

–Bueno –le contestó Husai– esta vez Ahitofel se equi-vocó. Tú conoces a tu padre y a sus hombres: son guerreros poderosos. En este momento están tan enfurecidos como una osa a la que le han robado sus cachorros. Y recuerda que tu padre es un hombre de guerra con experiencia. Él no pasará la noche con las tropas. Seguramente estará escondido en algún pozo o en alguna cueva. Y cuando salga y ataque, y mueran unos cuantos de tus hombres, entonces habrá pánico entres tus tropas, y se correrá la voz de que están masacrando a los hombres de Absalón. Así pues hasta los soldados más valientes, aunque tengan el corazón de un león, quedarán paralizados de miedo, porque todo Israel sabe lo poderoso guerrero que es tu padre y qué valientes son sus hombres.

Recomiendo que movilices a todo el ejército de Israel y que llames a los soldados desde tan lejos como Dan, al norte, y Beerseba, al sur. De esa manera tendrás un ejército tan numeroso como la arena a la orilla del mar. Y te aconsejo que tú personalmente dirijas las tropas. Cuando encontremos a David, caeremos sobre él como el rocío que cae sobre la tierra. De ese modo ni él ni ninguno de sus hombres quedarán con vida. Y si David llegara a escapar a una ciudad, tú tendrás a todo Israel allí a tu mando. Luego podremos tomar sogas y arrastrar las murallas de la ciudad al valle más cercano, hasta que cada piedra haya sido derribada.

Absalón y todos los hombres de Israel asintieron que el consejo de Husai era mejor que el de Ahitofel.

Esto lo permitió el Señor para frustrar el consejo de Ahitofel, que en realidad era un plan mejor, ¡para traer la calamidad sobre Absalón!

Cuando Ahitofel se dio cuenta de que no se había seguido su consejo, ensilló su burro y se fue a su pueblo natal, donde puso sus asuntos en orden y se ahorcó. Murió allí y lo enterraron en la tumba de la familia.

¡Qué decisión más nefasta la de Ahitofel! ¡Se ahorcó porque no siguieron sus consejos! Lo más posible es que hubiera traicionado a David por la misma razón.

¿Nos damos cuenta hasta dónde puede llegar nuestro orgullo herido? ¡Por supuesto!, no creo que ninguno de nosotros lleguemos a tomar la decisión de quitarnos la vida. Sin embargo, ¡cuántas malas decisiones podemos tomar cuando no se nos tiene en cuenta!

Por ejemplo, se está organizando alguna actividad especial en la iglesia, ya sea en la Escuela Dominical o en cualquier otra área en la que estemos involucrados. Se nos ocurre una idea brillante y la exponemos, pero a los demás no les parece tan brillante y deciden seguir el consejo de otro hermanito (para nosotros insignificante). Entonces viene nuestra reacción: "No voy a seguir en esta actividad porque de todos modos a nadie le importa lo que pienso". No nos quitamos la vida, pero sí matamos la posibilidad de seguir colaborando en esa actividad.

También puede suceder que nos pidan un consejo. Lo damos con certeza de que es lo correcto, pero resulta que no lo tienen en cuenta. "La próxima vez, cierro la boca. ¿Para qué dar mi opinión, si no van a hacerme caso". ¡Matamos la oportunidad de servir de ayuda!

Nos encargan hablar en una reunión. Estudiamos con todo entusiasmo. Estamos seguros que ese es el mensaje que la iglesia necesita en ese momento. Cuando termina, estamos esperando recibir la aprobación de algún hermano. Como el silencio es total, decidimos no prepararnos más.

"¿Para qué? Si a nadie le importa las horas que paso preparándome". ¡Matamos la oportunidad de que el Señor nos utilice para edificar la iglesia!

Nos piden que colaboremos con algún hermano necesitado. Ponemos todo de nuestra parte, y aún nos privamos de darnos ciertos gustos, a favor de la necesidad del hermano, el cual sabe que nosotros hemos colaborado, pero ni siquiera nos agradece. "¡Qué desagradecido! ¿Para eso me esforcé tanto? Desde ahora que cada uno se arregle como pueda. No pienso hacerme mala sangre con hermanos tan ingratos". ¡Matamos el privilegio de ayudar, que es una de las ofrendas citadas en el Nuevo Testamento!

Podría seguir con otros ejemplos, pero creo que con estos alcanza. Si somos honestos, lo único que nos importa es ser reconocidos. Aunque busquemos darle otro nombre, simplemente es nuestro orgullo herido. Tengamos presente que si algo nos afecta a tal punto de decidir dejarlo, no estamos amando a nuestros hermanos como el Señor nos manda y estamos cometiendo uno de los pecados (por no decir, uno de los más grandes), que más satisface a Satanás, porque es por el cual, él fue echado del cielo.

Reflexionemos sobre nuestras intenciones para no caer en el mismo y tremendo error de Ahitofel: Suicidarnos por nuestro orgullo herido.

2

Lea, a la sombra de su hermana

Lectura: Génesis 29 al 35.

Lea, la pequeña niña, sentada no muy lejos de la carpa donde vivía con sus padres, observaba el ir y venir de las mujeres que habían llegado para ayudar a su madre en el alumbramiento de su nuevo hijo. ¡Cuánto deseaba que esta vez fuese una niña! Tenía varios hermanos, pero todos eran varones. Ellos estaban ocupados en las actividades de su padre y no compartían sus juegos.

De repente, escuchó el llanto de un bebé. "¡Por fin! ¿Qué habrá sido?" Cuando vio salir a una de las vecinas, corrió hacia ella:

–¿Qué tuvo mi madre? –preguntó, ansiosa, sin ocultar su nerviosismo.

–¡Es una nena! –exclamó la mujer alborozada– ¡Ahora tendrás una compañera de juegos!

–¿Puedo pasar a verla?

La mujer, con una sonrisa, abrió la tela que servía de puerta a la carpa.

Lea pasó dos o tres cortinas que separaban los ambientes y llegó hasta el dormitorio de sus padres. Su madre lucía sudorosa, pero con una gran sonrisa.

—Ven —le dijo susurrando— acércate a conocer a tu hermanita.

Ella lo hizo tímidamente y se arrodilló al lado de la estera que servía de cama al matrimonio de sus padres.

—¡Qué bonita es! —exclamó, observando la carita de la beba. Es lo único que podía ver entre tantas telas que la envolvían. Sus hermosos ojos quedaron extasiados.

—¿Puedo cargarla, madre?

Muy delicadamente la mujer le entregó la preciada carga. Ella la tomó en brazos y sonrió feliz. Su imaginación voló pensando todo lo que podría realizar con su hermanita.

—Le pondremos por nombre Raquel —le informó su madre con voz cansada.

Desde ese día Lea ayudó en todo lo que estaba a su alcance para cuidar la beba, sin dejar de cumplir con las demás tareas, tal como hiciera con otro de sus hermanos. Pero esta vez era distinto. Su expectativa se acrecentaba a medida que pasaban los meses y los años.

Al llegar a la adolescencia, la situación cambió. Su hermana era la atracción de todos. Hasta sus padres sólo hablaban de su belleza y de su alegría de vivir. Ya casi no compartía juegos ni conversaciones con ella. Labán, su padre, le había encargado a Raquel el cuidado de sus ovejas. Como era pastora, salía muy temprano y volvía al anochecer, ya cansada.

Pasaron los años felices de la niñez y ahora cada una debía cumplir con las tareas asignadas. Lea volvió a su vida solitaria, aunque rodeada de gente.

Una tarde, Raquel regresó antes de lo acostumbrado y entró corriendo.

–¡Padre! ¡Padre! –Labán salió apresurado–. Cuando llegué esta tarde al pozo para abrevar las ovejas, un joven muy galante removió la piedra de la boca del pozo… –se detuvo un momento para tomar aliento– ¿Y sabes qué, padre? Ese joven se llama Jacob y es hijo de tu hermana Rebeca.

Ni bien escuchó esa noticia Labán corrió hacia el camino para recibir a su sobrino. Lo abrazó, lo besó y lo condujo hasta la tienda.

–Mis padres me aconsejaron que viniera para conocer mi familia –comenzó a explicar Jacob–. En mi casa las cosas no andan muy bien con mi hermano Esaú…

–Tus padres hicieron lo correcto. Ciertamente hueso mío y carne mía eres –Labán terminó de acomodarse y ordenó a sus criados que preparasen una comida para festejar la reunión familiar.

Desde ese día Jacob se quedó a vivir con ellos. Lea observaba a hurtadillas lo buen mozo que era su primo, pero no le pasaba desapercibido que, aunque a ella la trataba con cariño, él tenía ojos nada más que para su hermana. ¡Otro que quedó prendado de su belleza!

Un día, mientras compartía la comida con las mujeres de la casa, escuchó, a través de la cortina que los separaba, la conversación de los hombres.

–¡Ya hace un mes que estás con nosotros! –la voz de su padre sonaba grave–. No hay razón para que trabajes para mí sin recibir pago por el hecho de ser parientes. ¿Cuánto quieres que te pague?

Era evidente que esas palabras iban dirigidas a Jacob. Lea se quedó muy quieta, esperando la respuesta. ¡Ojalá decida quedarse! Contuvo la respiración para escuchar mejor.

—Trabajaré para ti siete años, si me das a Raquel para que sea mi esposa —mencionó decidido el sobrino.

—¡De acuerdo! —replicó Labán—. Prefiero dártela a ti antes que a alguien que no sea de la familia.

Lea escuchó las palmadas en las espaldas. Su padre cerró el trato:

—Quédate conmigo.

Los hermosos ojos claros se humedecieron y algo se quebró dentro de ella. ¡Nuevamente ha ganado su hermana! ¡Fue una estúpida al hacerse ilusiones!

En los años que siguieron Lea comprobó con dolor las miradas furtivas y los galanteos de la pareja. Seguramente ella quedará soltera, cuidando a su madre, o quizás criando a sus sobrinos.

Pasados los siete años convenidos, Jacob se presentó ante su suegro:

—Cumplí mi parte del contrato. Ahora dame a Raquel para que sea mi esposa —reclamó, con justa razón, sus derechos.

Labán invitó a toda la gente del lugar, como era costumbre e hizo un gran banquete. Hubo comida y bebida a discreción.

Lea trató de disimular lo más que pudo su dolor, pero al llegar la noche, se retiró a su habitación. No quiso ver cómo preparaban a su hermana para el acontecimiento. No odiaba a Raquel, pero en ese momento sintió envidia de su suerte. ¿Por qué no pudo ser ella la elegida?

Escuchó que alguien se acercaba y trató de cubrirse el rostro para que no notaran sus lágrimas.

—Lea —la llamó su padre susurrando—, vístete tus mejores galas para que vayas a la tienda de Jacob.

Se levantó como picada por una serpiente:

—Pero él se casó con Raquel —comenzó a disculparse, sin entender la actitud de su padre.

—¡Shhh, no digas nada! Te mandaré a Zilpa para que sea tu sierva y te ayude a prepararte. ¡No consentiré que una de mis hijas quede sin marido!

Sin más explicaciones, Labán se retiró. Al momento, entró la criada.

—¿Qué le preparo, mi señora? —se ofreció, solícita.

Lea no puede creerlo. ¡Cuánto deseó ser ella la elegida! ¡Y ahora su padre le ha dicho que vaya a la tienda de Jacob! Puso las manos sobre su pecho para que no se escucharan los latidos de su corazón. Eligió su mejor vestido y, por supuesto, el mejor velo para tapar su cara. Jacob no tenía que darse cuenta. Pero… ¿qué pasará cuando se descubra el engaño? Bueno, ¡eso se verá después! En ese momento, lo único que le importaba era que Jacob sería de ella, y ella de él.

Terminó de perfumarse y sigilosamente se deslizó hasta la tienda contigua. No debió esperar mucho para ver aparecer al hombre de sus sueños. Sin mediar palabras, él la tomó entre sus brazos y la hizo suya. ¡Pasaron una hermosa noche juntos!

Al levantarse por la mañana, Jacob descubrió que era Lea con quien había dormido. Llamó enojado a su suegro:

–¿Qué clase de engaño es este? ¿Acaso no trabajé siete años para que me dieras a Raquel? ¿Qué es lo que pretendes al engañarme de ese modo?

Labán respondió en tono conciliador:

–No es costumbre entre nosotros que la hija menor se case antes que la mayor. Espera a que termine la semana de la fiesta de boda de Lea y te daré también a Raquel, siempre y cuando me prometas que trabajarás para mí otros siete años.

Lea ha escuchado a través de la cortina y aunque le dolió el disgusto de su esposo, no pudo esconder la felicidad de su corazón. Sabe que Jacob es un joven de palabra, así que cumplirá lo prometido. ¡Podrá tenerlo toda una semana para ella! No cabía en sí de alegría.

Para Lea esos siete días pasaron volando. No era ajena a la sombra que muchas veces comprobaba en la mirada de su esposo. ¡Pero era feliz! Disfrutó al máximo ese matrimonio. Aunque fue tramado con el engaño de su padre, Jacob cumplió con su compromiso y ella trató de complacerlo en todo. Quizás después de esa semana, él podría verla de otro modo.

Labán también cumplió su palabra y, al pasar los siete días estipulados, entregó a su sobrino a su hija menor junto con una esclava llamada Bilha.

Lea debió retirarse a la tienda de sus padres. Sintió dolor al ver a Jacob que amó a su hermana mucho más que a ella. Pero también era su esposo y eso nadie podría borrarlo.

Los meses se sucedieron compartiendo las hermanas el amor de Jacob. Pero algo muy extraño le estaba sucediendo a Lea. Se sentía extraña y con algunos malestares. Después de preguntarle a Zilpa y a su madre, quedó convencida que se encontraba embarazada. ¡Estaba esperando un hijo de Jacob! ¡Esto era maravilloso!

La noticia corrió de boca en boca. Jacob no podía ocultar la satisfacción de ser padre. Para un hebreo lo más importante era la descendencia. Y era Lea la que le daría esa alegría. Desde entonces, trató a su primera esposa con más cariño, con más delicadeza. Y ella lo disfrutó al máximo.

Cuando se cumplió el tiempo de gestación, el ambiente se vistió de fiesta. Vecinos y familiares corrían de un lado a otro, ayudando en lo que podían. Después de algunas horas de tensión, la madre le anunció.

—¡Tuviste un varón!

Lea, aunque todavía dolorida por el esfuerzo, rió entre lágrimas de alegría.

—Lo llamaré Rubén porque el Señor ha visto mi sufrimiento. Ahora sí me amará mi marido.

Poco tiempo después volvió a quedar embarazada y tuvo otro hijo y le puso por nombre Simeón, diciendo:

—El Señor ha oído que no soy amada, y por eso me dio este otro hijo.

Nuevamente quedó embarazada y dio a luz su tercer hijo, al que llamó Leví, porque dijo:

—Seguramente ahora sí me amará mi marido, puesto que le he dado ya tres hijos.

Por cuarta vez quedó embarazada y tuvo un hijo al que llamó Judá.

—Ahora alabaré al Señor.

Estos hijos suyos despertaron la envidia de su hermana Raquel, que al ver que ella no le daba hijos a Jacob decidió, según la costumbre de su época, tenerlos a través de su sierva Bilha. Ella concibió y dio a luz un hijo, al cual Raquel puso por nombre Dan, diciendo:

–Me juzgó Dios, y también oyó mi voz, y me dio un hijo.

Al comprobar que su idea había dado resultados, prosiguió con el plan de darle su sierva a su esposo y así tuvo otro hijo al que llamó Neftalí, entonces dijo:

–He luchado mucho con mi hermana, ¡y estoy ganando!

Lea, mientras tanto, al comprobar que le era imposible quedar embarazada, decidió imitar la treta de su hermana y le dio su sierva Zilpa a su esposo para tener hijos a través de ella. Esto dio resultado y de esta manera nació Gad. Lea le puso ese nombre y dijo:

–¡Qué afortunada soy!

Y cuando nació el segundo hijo de su sierva, le puso por nombre Aser, diciendo:

–¡Qué alegría tengo! Ahora las demás mujeres celebrarán conmigo.

Rubén, el hijo mayor de Lea ya era un jovencito. Cierto día, durante la cosecha de trigo, encontró unas mandrágoras que crecían en el campo y se las trajo a su madre. Cuando Raquel vio la fruta que había traído su sobrino, le dijo a su hermana:

–Por favor, dame algunas mandrágoras de las que te trajo tu hijo.

La hermana mayor respondió enojada:

–¿No fue suficiente con que me robaras mi marido? ¿Ahora también te robarás las mandrágoras de mi hijo?

Raquel propuso un trato:

–Dejaré que Jacob duerma contigo esta noche si me das alguno de esos frutos afrodisíacos.

Lea aceptó gustosa, ya que hacía bastante tiempo que su esposo no la mandaba a llamar. Así que, al atardecer, cuando él volvía del campo, le salió al encuentro:

–¡Debes venir a dormir conmigo esta noche! Pagué por ti con algunas mandrágoras de mi hijo.

Y al ver Dios su angustia, le permitió concebir otra vez y así dio a luz el quinto hijo a Jacob.

–Dios me ha recompensado –dijo ella– por haber dado a mi sierva como esposa a mi marido.

Por eso llamó su nombre Isacar.

Luego Lea volvió a quedar embarazada y dio a luz el sexto hijo a Jacob. Le puso por nombre Zabulón.

–Dios me ha dado una buena recompensa –fue su conclusión–. Ahora mi marido me tratará con respeto, porque le he dado seis hijos.

Mas adelante, ella dio a luz una hija y le puso por nombre Dina.

La angustia de Raquel, mientras tanto, se acrecentaba. Después Dios se acordó de la dificultad de ella y contestó sus oraciones, permitiéndole tener un hijo.

–Dios ha quitado mi deshonra –dijo ella, aliviada y le puso por nombre José–. Que el Señor añada aún otro hijo a mi familia.

Luego de ese nacimiento Jacob decidió volver a la casa de sus padres. Cuando se lo hizo saber a su suegro Labán, comenzó entre ellos una serie de engaños.

Cierto día Jacob mandó a llamar a sus dos mujeres al campo donde él cuidaba el rebaño.

—Noto un cambio en la actitud de vuestro padre hacia mí —les dijo— pero el Dios de mi padre ha estado conmigo. Ustedes saben con cuánto esfuerzo trabajé para él; sin embargo, me ha estafado cambiando mi salario diez veces. Pero Dios no ha permitido que me haga ningún daño.

Raquel y Lea respondieron:

—¡Por nuestra parte está bien! De todos modos, nosotras no heredaremos nada de las riquezas de nuestro padre. Él ha reducido nuestros derechos a los mismos que tienen las mujeres extranjeras y después de habernos vendido derrochó el dinero que tú le pagaste por nosotras. Toda la riqueza que Dios le ha quitado a nuestro padre y te ha dado a ti nos pertenece legalmente a nosotras y a nuestros hijos. Así que, adelante, haz todo lo que Dios te ha dicho.

Entonces Jacob, junto a sus esposas y sus hijos, subieron a los camellos y, reuniendo todas sus pertenencias que había adquirido, puso en marcha todos sus animales y salió hacia la tierra de Canaán, donde vivía su padre Isaac.

· ·

He querido contar esta historia desde el punto de vista de Lea, porque la mayoría de las veces que la he escuchado, o leído en algún libro, se habla de los sentimientos de Jacob o de Raquel, pasando por alto lo que sucedió con su hermana mayor. Y siempre, también, se sacan enseñanzas de ellos dos, sin considerar lo que puede comunicarnos la protagonista principal de la historia que les he relatado (que, la deben conocer muy bien por las Escrituras).

¿Qué podemos aprender de Lea?

Como bien dice el título de este capítulo, ella vivió "a la sombra de su hermana". ¡Cuántas veces vivimos "a la sombra" de alguien y no disfrutamos lo que tenemos! Nos pasamos mirando y envidiando las bendiciones que el Señor les da a los demás, sin apreciar ni valorar todo lo que Él nos regala cada día. Lea tuvo seis hijos propios y dos de su sierva que ella prohijó; sin embargo, por las frases que podemos leer, nunca estuvo satisfecha y se pasó la vida anhelando lo que su hermana tenía: el amor de su esposo. Y sin embargo, leyendo detenidamente, vemos que Jacob también la amaba a ella porque dice la Biblia que Jacob "la amó también a Raquel más que a Lea" (Génesis 29:30). Eso significa que Lea también tuvo el amor de su esposo. Pero la envidia le cegó los ojos y no pudo verlo.

Su hijo Rubén era el primogénito. Por lo tanto tenía el derecho a la doble herencia sobre sus hermanos. Pero perdió ese privilegio por cometer incesto con una de las concubinas de su padre (Génesis 49:3-4). ¿Qué tiene que ver Lea en esto? No me cabe duda que Rubén habrá oído y visto gestos de desprecio o quejas de su madre, y eso contribuyó a menospreciar y tener en poco semejante pecado.

Su segundo y tercer hijo, Simeón y Leví, cometieron asesinatos. ¡Por supuesto! ¡Para defender el honor de su hermana Dina! (Génesis 34). Pero, ¿qué los llevó a cometer semejante acto? Es muy probable que también en eso tuvieran que ver las actitudes de su madre.

Su cuarto hijo, Judá, se casó con una cananea y, aunque todavía no estaba la Ley que prohibía ese matrimonio, es evidente que no estaba en los planes de Dios para él.

Engañó a su nuera y luego, llevado por la lujuria, tuvo relaciones con ella, creyendo que se trataba de una prostituta.

¿Y qué pasó con su única hija mujer, Dina? Fue denigrada y violada por un extranjero. ¿Dónde estaba Lea en ese momento? No lo sabemos. Tampoco sabemos si todavía vivía o no, porque la Biblia no relata en qué momento falleció, pero lo que sí sabemos es que ella tuvo mucha parte en las malas decisiones que tomaron sus hijos, por la influencia que ejerció sobre ellos.

Sin embargo, Dios, que es todo misericordia y amor, y el único que puede transformar lo malo en bueno, utilizó a dos de sus descendientes para que tengan privilegios especiales.

Su hijo sería ascendiente del Mesías prometido desde el Edén. ¡Qué ironía! Dios eligió a Judá para que de su familia viniera el Redentor del mundo. Pero del que más se habla en las Escrituras es de José, el hijo de su hermana.

También Leví fue elegido para que de su descendencia fueran los sacerdotes, o sea, aquellos que serían el "puente" entre Dios y los hombres. Esto tuvo mucho que ver con la actitud que tomó la tribu de Leví en ocasión de la adoración del becerro que Aarón hizo con el oro que el pueblo le trajo mientras Moisés estaba en la cumbre del monte Sinaí recibiendo las tablas de la Ley (Éxodo 32). Pero esto no quita la bendición que Dios tenía preparada para el tercer hijo de Lea.

¡Cuántas bendiciones recibimos sin merecerlas!

Es evidente que Lea dejaba traslucir su amargura, porque de ninguno de sus hijos se relata nada positivo. ¡Esa fue la herencia que les dejó: Celos, envidia y disconformidad!

¿Nos damos cuenta hasta qué punto marcamos a nuestros hijos con nuestras palabras y actitudes? Y no sólo a nuestros hijos, sino a todo nuestro entorno. Como dice Hebreos 12:15, RVR60: "Mirad bien, no sea que alguno deje de alcanzar la gracia de Dios; que brotando alguna raíz de amargura, os estorbe, y por ella muchos sean contaminados".

En vez de disfrutar lo que el Señor pone a nuestro alcance, nos pasamos envidiando los talentos de otro, el matrimonio de otro, la posición económica de otro, etc., etc. Y eso nos hace "sombra" y no podemos apreciar lo que Él ha puesto a nuestro alcance.

¡Ojalá que esta historia (desde el punto de vista que la veo yo), sirva para que valoremos las bendiciones que el Señor nos da! Y, especialmente, ¡que las disfrutemos! Que nada a nuestro alrededor nos "haga sombra" para valorar lo hermoso que el Señor nos regala cada día.

3

Dos prostitutas, ¿que renunciemos a lo más querido?

Leemos en 1 Reyes 3:16-27 el incidente cuando dos prostitutas fueron a ver al rey Salomón.

Tiempo después, dos prostitutas fueron a ver al rey para resolver un asunto. Una de ellas comenzó a rogarle: «Ay, mi señor, esta mujer y yo vivimos en la misma casa. Ella estaba conmigo en la casa cuando yo di a luz a mi bebé. Tres días después, ella también tuvo un bebé. Estábamos las dos solas y no había nadie más en la casa.

»Ahora bien, su bebé murió durante la noche porque ella se acostó encima de él. Luego ella se levantó a la medianoche y sacó a mi hijo de mi lado mientras yo dormía; puso a su hijo muerto en mis brazos y se llevó al mío a dormir con ella. A la mañana siguiente, cuando quise amamantar a mi hijo, ¡el bebé estaba muerto! Pero cuando lo observé más de cerca, a la luz del día, me di cuenta de que no era mi hijo».

Entonces la otra mujer interrumpió:

—Claro que era tu hijo, y el niño que está vivo es el mío.

—¡No! —dijo la mujer que habló primero—, el niño que está vivo es el mío y el que está muerto es el tuyo.

Así discutían sin parar delante del rey.

Entonces el rey dijo: «Aclaremos los hechos. Las dos afirman que el niño que está vivo es suyo, y cada una dice que el que está muerto pertenece a la otra. Muy bien, tráiganme una espada». Así que le trajeron una espada.

Luego dijo: «¡Partan al niño que está vivo en dos, y denle la mitad del niño a una y la otra mitad a la otra!».

Entonces la verdadera madre del niño, la que lo amaba mucho, gritó: «¡Oh no, mi señor! ¡Denle el niño a ella, pero por favor no lo maten!».

En cambio, la otra mujer dijo: «Me parece bien, así no será ni tuyo ni mío; ¡divídanlo entre las dos!».

Entonces el rey dijo: «No maten al niño; dénselo a la mujer que desea que viva, ¡porque ella es la madre!».

....

Cuando esta mujer renunció a lo que más amaba, es cuando lo recuperó. Es un caso similar al de Abraham, cuando Dios le pide a su hijo Isaac (Génesis 22).

Para hacer la aplicación de este relato quiero contar dos experiencias personales.

Cuando mi hija Nilce iba a cumplir siete años, comenzó con ciertos síntomas que me alertaron y la llevé al médico. Él me pidió realizar algunos estudios para diagnosticarla. El bioquímico hizo los análisis correspondientes y cuando fui a retirarlos recibí la triste noticia: "Tu hija tiene diabetes infantil".

En ese momento sentí que el mundo se me venía encima. Los que tienen hijos con ese problema sabrán comprenderme. ¡Me negaba a aceptar que fuera cierto! Lloré. Me rebelé preguntándole al Señor: "¿Por qué?". Y Él, en su misericordia, fue poniendo paz en mi corazón hasta que pude aceptarlo. Mi preocupación inmediata fue hacerle entender a mi hijita que ya no podía comer golosinas, tortas, merengues, etc. Ella me miraba con sus ojos claros, sin comprender muy bien, pero aceptando lo que le decía. Eso me generaba más lástima.

Dos días antes de su cumpleaños, mi esposo me avisó que el bioquímico me mandaba a llamar. Fui inmediatamente para saber el motivo. Allí me manifestó que quería hacerle otros análisis a Nilce porque no estaba seguro del diagnóstico.

Al otro día la volví a llevar en ayunas, y esa tarde, que era su cumpleaños, fui a buscar los resultados. Cuál no fue mi sorpresa cuando escuché al bioquímico: "Tu hija no tiene diabetes. El análisis anterior dio positivo por una descompensación hormonal generada por su rápido crecimiento".

Mi mano temblaba al recibir el sobre del diagnóstico. Tomé de la mano a mi hijita y mientras caminábamos hacia mi casa, que quedaba a tres cuadras del laboratorio, venía llorando. Ella me miraba sin entender qué sucedía por lo que le expliqué que el análisis anterior estaba equivocado.

"¡Entonces puedo comer todas las cosas que preparaste para mi cumpleaños!" –exclamó muy sonriente.

Yo afirmé con la cabeza y ella empezó a saltar a mi alrededor. Llegué a mi hogar y me encerré en mi dormitorio para agradecerle al Señor por esta buena noticia. Recién cuando estuve dispuesta a aceptar su voluntad, Él pudo obrar.

El segundo caso que quiero contarles sucedió varios años después.

Un viernes por la mañana golpearon a la puerta de mi casa. Cuando fui a atender me encontré con un oficial de justicia, un tasador y un rematador que me anunciaron que venían a medir nuestra propiedad porque había orden de rematarla el miércoles siguiente. Como no entendía qué podía estar pasando, mandé a buscar a mi esposo. Él vino rápidamente y al mirar los papeles que le extendió el oficial, se dio cuenta que se trataba de una deuda cancelada hacía más de dos años, pero al leer bien el contenido del documento, comprobó que había dos frases que, cuando él firmó el acuerdo, no figuraban. De esta manera, sus acreedores, habían agregado la aceptación de la deuda y nombrado un abogado al cual el juzgado mandó todas las citaciones.

Nosotros nunca habíamos recibido ninguna, por lo que ni siquiera nos enteramos que habían iniciado un juicio. Como mi esposo, al pagar, no había exigido los recibos oficiales (así fue siempre de confiado), figuraba como si no hubiera pagado la deuda. Y al no presentarse a ninguna de las citaciones del juzgado, lo habían nombrado "en rebeldía". Por eso el juez ordenó el remate de la propiedad.

Cuando los oficiales se fueron, mi esposo me abrazó y lloramos juntos. ¡Era una total injusticia!, pero nos sentíamos indefensos y sin saber a quién acudir. Yo le sugerí que viajara a Córdoba donde tengo dos primas que son abogadas y una de ellas es también escribana, para que averiguara qué se podía hacer.

Él me hizo caso, pero cuando volvió esa noche estaba más desesperado que antes, porque mi prima le había dicho que, si hubiera recurrido a ella antes, podía hasta haberle hecho quitar el título a dicho abogado; pero ya no se podía hacer nada porque estaba la sentencia judicial. Inclusive mi prima había acompañado a mi esposo hasta la casa de los acreedores para ver la posibilidad de un arreglo. Ellos le contestaron que el único arreglo posible era saldar la deuda, que a esta altura, ya era muchísima mayor. Por supuesto, era una cifra imposible de pagar para nosotros. Mi prima le prometió que ese fin de semana iba a tratar de averiguar algo más y, sobre todo, estudiar bien el caso para ver si había alguna solución.

Ese fin de semana fue terrible. Mi esposo me pedía constantemente que oráramos. A esta altura, el Señor había puesto paz en mi corazón. Me daba cuenta de que nada valía rebelarnos y le dije honestamente que si Él permitía que nos quitaran esta propiedad, sabía los motivos y estaba dispuesta a aceptarlo. Lo que sí estaba segura era que Él no nos dejaría en la calle.

Llegó el lunes y mi esposo volvió a viajar a Córdoba. A media mañana, el gerente del Banco Serrano, que estaba al frente de nuestra casa, se cruzó y pidió hablar con mi esposo. Le contesté que había viajado y él me dijo que ni bien volviera, aunque el banco estuviera cerrado, que por favor se cruzara, que tenía algo urgente que decirle.

A la tarde volvió mi esposo, peor de lo que se había ido porque mi prima ratificó que no había ninguna manera de salvarnos del remate, que, como mencioné, sería ese miércoles. Yo le comuniqué el encargo del gerente y él se cruzó hasta el banco, que ya había cerrado.

Tardó tres horas en volver, lo que me tuvo intrigada por completo. Cuando entró a nuestra casa, venía con una sonrisa de oreja a oreja. ¡El gerente le había otorgado un crédito para que pagara la deuda!

Los que han tenido que hacer los trámites para un crédito bancario saben que eso no se consigue de un día para el otro y menos en tres horas y ¡con el banco cerrado! Era muy evidente que el Señor, al cual tanto oramos, había intervenido.

Por supuesto, el martes viajó mi esposo con el dinero para saldar la deuda y no hubo remate.

Los que nos conocen saben que la propiedad que estaba en juego es de muchísimo valor. Y gracias a que el Señor no permitió que nos la quitaran, en este momento, que ya estoy viuda, puedo vivir tranquila.

Con estos relatos no quiero decir que el Señor siempre nos devolverá lo que le entregamos. A veces, en Su sabiduría, puede retenerlos para Él. Pero de lo que sí estoy segura es que si no soltamos lo más amado, no tendremos paz.

Tampoco quiero que piensen que soy una "gigante de la fe". Sólo el Señor sabe cuánto me cuesta confiar completamente en Él y en muchas de las pruebas que me ha mandado, le he fallado. Solamente cuento estas experiencias para que comprobemos la fidelidad de Dios, a pesar de nuestra flaqueza y solamente deseo que estos ejemplos sirvan de bendición.

4

El profeta que condenó a Acab, ocupado en otras cosas

Lectura: 1 Reyes 20.

Todos estaban enterados de lo que sucedía en Samaria. Ben-adad, rey de Siria, con la ayuda de treinta y dos reyes aliados, la había sitiado. Luego de exigirle a Acab que le diera su plata, su oro, sus esposas y sus mejores hijos, lo amenazó con enviar a sus funcionarios a registrar su palacio y las casas de sus gobernantes para llevarse todo lo que encontraran de valor.

Acab se puso muy nervioso y mando a llamar a todos los ancianos del reino:

–¡Miren cómo este rey está causando problemas! –les dijo–. Ya accedí a su exigencia anterior, pero ahora amenaza con venir a despojarnos.

–No cedas ante ninguna otra de sus exigencias –le aconsejaron todos los ancianos y todo el pueblo.

Así que Acab dio la respuesta a los mensajeros de Ben-adad y éste recibió la noticia mientras bebía con los demás reyes.

–¡Prepárense para atacar! –ordenó el rey asirio a sus oficiales. Entonces se prepararon para atacar la ciudad.

En ese momento, un profeta fue a ver a Acab, rey de Israel, y le dijo:

–Esto dice el Señor: "¿Ves todas esas fuerzas enemigas? Hoy las entregaré en tus manos. Así sabrás que yo soy el SEÑOR".

El rey de Israel reunió sus tropas y peleó contra sus enemigos, haciéndolos huir.

Después el profeta le anticipó a Acab:

–Prepárate para otro ataque, empieza a planificar desde ahora, porque el rey de Aram regresará la próxima primavera.

Así sucedió, tal cual el profeta lo había anticipado. La primavera siguiente, al enfrentarse los dos ejércitos, Israel parecía un pequeño rebaño de cabras comparado con el inmenso ejército arameo que llenaba la campiña.

Entonces el hombre de Dios fue a ver al rey de Israel y le dijo:

–Esto dice el Señor: "Los arameos han dicho: El SEÑOR es un Dios de las montañas y no de las llanuras. Así que derrotaré a este gran ejército por ti. Entonces sabrás que yo soy el SEÑOR".

Los dos ejércitos acamparon, uno frente al otro, durante siete días. Al séptimo día comenzó la batalla. En un solo día los israelitas mataron a cien mil soldados arameos de infantería. El resto huyó a la ciudad de Afec, pero la muralla cayó y mató a otros veintisiete mil de ellos. Ben-adad huyó a la ciudad y se escondió en un cuarto secreto.

Los oficiales del rey de Asiria le dijeron:

–Hemos oído, señor, que los reyes de Israel son compasivos. Entonces pongámonos tela áspera alrededor de la cintura y sogas en la cabeza en señal de humillación, y rindámonos ante el rey de Israel. Tal vez así le perdone la vida.

Así lo hicieron y Acab hizo un nuevo trato y Ben-adad quedó en libertad.

Mientras tanto, el SEÑOR le ordenó a un miembro del grupo de profetas que le dijera a otro:

–¡Golpéame!

Pero el hombre se negó a hacerlo. Entonces el profeta le dijo:

–Como no obedeciste la voz del SEÑOR, un león te matará apenas te separes de mí.

Cuando el hombre se fue, un león lo atacó y lo mató.

Luego el profeta se dirigió a otro hombre y le dijo:

–¡Golpéame!

Así que, el hombre lo golpeó y lo hirió.

El profeta se puso una venda en los ojos para que no lo reconocieran y se quedó junto al camino, esperando al rey. Cuando éste pasó, el profeta lo llamó:

–Señor, yo estaba en lo más reñido de la batalla, cuando de pronto un hombre me trajo un prisionero y me dijo: "Vigila a este hombre; si por alguna razón se te escapa, ¡pagarás con tu vida o con una multa de treinta y cuatro kilos de plata!; pero MIENTRAS YO ESTABA OCUPADO EN OTRAS COSAS, ¡el prisionero desapareció!

–Bueno, fue tu culpa –respondió el rey–. Tú mismo has firmado tu propia sentencia.

Enseguida el profeta se quitó la venda de sus ojos, y el rey lo reconoció como uno de los profetas, el cual dijo al rey:

–Esto dice el SEÑOR: "Por haberle perdonado la vida al hombre que yo dije que había que destruir ahora tú morirás en su lugar, y tu pueblo morirá en lugar de su pueblo".

Entonces el rey de Israel volvió a su casa en Samaria, enojado y de mal humor.

....

La frase que quiero rescatar de este relato es "MIENTRAS YO ESTABA OCUPADO EN OTRAS COSAS".

¡Cuántas oportunidades desperdiciamos por "estar ocupados en otras cosas"!

En este siglo se cumplen perfectamente las palabras de Daniel 12:4: "… muchos correrán de aquí para allá…".

Con la persona que hablemos, incluidos los hijos de Dios, escuchamos decir: "No tengo tiempo…" y agrega "para orar… leer la Biblia… ir a la iglesia… visitar un enfermo… etc. etc. etc.".

¡No hay tiempo para las cosas de Dios! Pero, mientras tanto, estamos ocupados viendo un programa de televisión, una actividad deportiva, algún entretenimiento, u "otras cosas".

Nada de lo mencionado está mal. "Todo es lícito", como dice el apóstol Pablo. Pero lo "lícito" nos quita el tiempo. Y se nos van los días, los meses y los años, "ocupados en otras cosas".

Lo peor de todo es que así como se nos pasa el tiempo, también se escurren las oportunidades: Oportunidad de crecer, de tener comunión, de ejercer nuestros dones, de predicar a Cristo, de ser de bendición a otros de alguna manera.

¡Es triste reconocerlo! Pero "las otras cosas", nos han atrapado. Nos están quitando privilegios espirituales que nunca podremos recuperar.

Esto, al menos, es mi propia experiencia. Por eso quiero que reflexionemos juntos. Sabemos que el Señor viene pronto. Pero lo hemos escuchado tantas veces que ya nos parecemos al pueblo de Israel cuando Dios les mandaba "profeta tras profeta", anunciándoles el cautiverio y ellos seguían en su idolatría y desobediencia al Señor.

¡Ojalá esta reflexión nos haga tomar conciencia de qué "cosas" son las que tienen verdadera importancia y nos *ocupemos* en ellas para que la venida del Señor no nos sorprenda y tengamos que "alejarnos de Él avergonzados"!

5

Débora, sus limitaciones no anularon su fe

Lectura bíblica: Jueces 4 y 5.

Débora estaba sentada bajo una palmera, entre las ciudades de Ramá y Betel, en la zona montañosa de Efraín. Era una profetiza de Dios ante el pueblo. En ese momento estaba sufriendo las consecuencias de haber vuelto sus espaldas al Creador, y debía atender a muchísima gente que acudía a ella para ser juzgada y aconsejada.

Un rey cananeo llamado Jabín, de la ciudad de Hazor los tenía oprimidos desde hacía veinte años. Hazor fue una de las ciudades que conquistó Josué. "Los israelitas no quemaron ninguna de las ciudades construidas sobre collados salvo Azor, la cual Josué quemó" (Josué 11:13). Y ahora, este rey, en el nombre de Jabín junta mucho pueblo contra los israelitas, oprimiéndolos sin piedad. Su mayor fuerza radicaba en los novecientos carros herrados que comandaba un general llamado Sísara, instalado en el valle de Jezreel (ese valle también se llama Meguido y será parte del famoso valle de Armagedón, donde se reunirán todas las naciones contra Israel en la Gran Tribulación). De esta manera mantenía divididas las fuerzas de Israel, separando las tribus del norte de las del sur, por eso las había debilitado.

Débora sabía todo lo que estaba pasando. No solamente por las quejas del pueblo, sino también porque Dios le había revelado sus propósitos. La gente evitaba las rutas principales y los viajeros no salían de los caminos sinuosos para no quedar expuestos al peligro. Esto sucedía como consecuencia de haber escogido nuevos dioses. Ella lo sabía, pero a la vez se sentía como madre para Israel, con la responsabilidad de salir en su defensa.

También era consciente que Israel no poseía ningún arma, porque Jabín, el rey que los estaba oprimiendo, había hecho alianza con los ceneos, descendientes de Jetro, el suegro de Moisés. Los ceneos sabían trabajar los metales y fabricaban las armas y herramientas de trabajo. Lo hacían solamente para el ejército de Jabín. Israel estaba totalmente desarmado.

Débora no se amedrentó ante esta situación. Un día mandó a buscar en el territorio de Neftalí a Barac, el cual ejercía como juez en Israel y le dijo:

—El SEÑOR, Dios de Israel, te ordena: reúne en el monte Tabor a diez mil guerreros de las tribus de Neftalí y Zabulón. Y yo haré que Sísara, el comandante del ejército de Jabín, vaya al río Cisón junto con sus carros de combate y sus guerreros. Allí te daré la victoria sobre él.

Barac le puso una condición:

—Yo iré, pero sólo si tú vienes conmigo.

—Muy bien —contestó ella—, iré contigo. Pero tú no

recibirás honra en esta misión, porque la victoria del SEÑOR sobre Sísara quedará en manos de una mujer.

Barac sabía esto, pero también que el pueblo respetaba a Débora como profetiza de Dios. Llevarla a ella al combate equivalía a llevar el arca de la Alianza con la presencia de Dios. Y él necesitaba esto para dar valentía a sus soldados.

Débora indicó a Barac que reuniera gente solamente de las tribus de Zabulón, Neftalí y algunos de Isacar, porque sabía que no podía contar con las demás tribus. Rubén era totalmente indeciso, y prefería seguir al lado de sus rebaños. Galaad, prefería quedarse al otro lado del Jordán, donde había tranquilidad. Dan estaba muy cómodo en su casa y Aser se sentó a la orilla del mar sin moverse de sus puertos.

Débora fue con Barac a Cedes, reunieron diez mil guerreros y subieron al monte Tabor. Allí estaban seguros, porque los carros de Sísara se desplazaban con facilidad por el valle del río Cisón. En esa época del año era apenas un arroyo, con muy poca agua, pero no podían subir al monte donde ellos estaban.

Cuando le dijeron a Sísara que Barac había subido al monte Tabor, mandó llamar a sus novecientos carros de combate de hierro y a todos sus guerreros, y marcharon hasta el río Cisón.

Débora era consciente que sus hombres no poseían una sola arma y que eran impotentes ante semejante ejército, pero no dudó en ordenar a Barac:

—¡Prepárate! Hoy es el día en que el SEÑOR te dará la victoria sobre Sísara, porque Él marcha delante de ti.

Barac descendió por las laderas del monte Tabor al frente de sus diez mil guerreros para entrar en batalla. Pero

Dios ya había preparado la victoria mandando una lluvia torrencial en la zona del monte Carmelo, donde nacía el río Cisón (5:21). Cuando Barac atacó, el Señor llenó de pánico a Sísara y a todos sus carros de combate junto con sus guerreros que se vieron totalmente desorientados ante la tremenda correntada de agua y el ataque de sus enemigos. Entonces Barac persiguió a los carros y al ejército cananeo, y mató a todos los guerreros de Sísara. Ni uno solo quedó con vida.

El SEÑOR les dio la victoria total sobre sus enemigos, sin tener ellos nada a su favor. ¡Ese era el Dios en el que Débora confiaba! ¡Y no fue defraudada en su fe!

Lo que sucedió con Sísara lo veremos en otro capítulo.

. . . .

Antes de hacer la aplicación quisiera comentar algo que me llamó la atención cierta vez que leía 1 Reyes 18:40. Allí se nombra también el lugar de esta batalla, pero en el nacimiento del río Cisón, o sea, en el Monte Carmelo. En ese lugar Elías mató a los cuatrocientos cincuenta profetas de Baal y los cuatrocientos profetas de Asera que se habían reunido. Allí Dios contestó la oración del profeta enviándole el fuego que consumió la ofrenda, la leña, las piedras y hasta el agua derramada alrededor del altar. Fue una demostración admirable de la gloria divina para que no quede duda alguna de quién era el verdadero Dios.

El relato del libro de Jueces nos deja bien claro la extraordinaria fe de Débora en Jehová, el Dios Todopoderoso.

Una fe que no tuvo en cuenta lo limitado de sus posibilidades, sino el poderoso SEÑOR en el que ella creía.

Como aclaré, Débora no pudo contar con el apoyo de algunas tribus. La de Rubén, tomaba "grandes decisiones", pero nunca las llevaba a cabo. La tribu de Galaad o Gad, estaba al oriente del Jordán y fue la tribu que más influencia recibió de la brujería y ocultismo de Babilonia. A tal punto fue esa influencia que nosotros tenemos una demostración de lo que eran sus habitantes en una época posterior, cuando vino el Señor Jesucristo y sanó allí a un endemoniado con una "legión" de demonios. Ese hombre, nacido en Gadara, era un representante de la tremenda influencia satánica de esa región.

Dan fue la tribu más cómoda, a tal punto, que cuando ya todos se habían establecido en el territorio de Palestina, algunos de esa tribu todavía buscaban dónde habitar y tomaron una ciudad, en los límites de Canaán, porque sus habitantes llevaban una "vida despreocupada" y no les ofrecieron resistencia (Jueces 18:10, 27). Pero al establecerse, ya lo hicieron con ídolos y sacerdote falso hurtado de la casa de Micaía. Y como se asentaron en los límites de Canaán, fue también una de las primeras tribus en desaparecer, absorbida por sus vecinos los asirios.

Aser "se sentó sin moverse a la orilla del mar". No quiso comprometerse luchando contra Jabín, porque este rey utilizaba sus puertos para comerciar. A ellos no les convenía ponerse en su contra para no perder su negocio.

Débora conocía la situación de las tribus, por eso contó solamente con aquellas que sabía que responderían a su llamado: Zabulón, Neftalí y algunos de Isacar.

Nosotros también debemos conocer con qué fuerza contamos cuando vamos a una lucha. Poseemos la bendición maravillosa de tener al Señor de nuestra parte, como ocurría con Débora, pero también es importante saber con quiénes podemos contar.

¡Cuántos nos parecemos a Rubén! Tenemos grandes resoluciones: "Desde mañana voy a levantarme una hora más temprano para estudiar la Biblia". Quizás lo hacemos por dos o tres días, pero después la pereza puede más. O también decidimos colaborar en algún ministerio de la iglesia, pero cuando esto requiere que renunciemos a algo que nos gusta más, o que nos entretiene sin que requiera gran responsabilidad, abandonamos el ministerio. Esta lista podría ser muy larga, pero quiero dejar simplemente estos ejemplos. ¡No seamos como la tribu de Rubén!

Otros podemos parecernos a Gad, influenciados por todo lo que este mundo ofrece. Puedo nombrar la lotería, quiniela, horóscopo, cartas del tarot, etc. Todo esto (y tantos más que cada uno puede agregar), nos ofrecen soluciones fáciles para salir del paso o para disfrutar mejor la vida. Sabemos que esto no es así, pero ¡cuántas veces caemos en algún atractivo que nos propone Satanás!

También podemos parecernos a la tribu de Dan. No queremos luchar o trabajar demasiado para conseguir las cosas, entonces recurrimos a lo más fácil como la "coima", el "amiguismo" o alguna otra treta como evadir los impuestos, etc. ¡Todo sea para no trabajar demasiado y conseguir con facilidad lo más que pueda!

O quizás nos parecemos a la tribu de Aser. No nos conviene identificarnos con el evangelio porque se nos terminaría el "negocio", o la ganancia deshonesta.

Cuando miramos las tribus de esta manera nos parece algo terrible, pero quisiera que nos pongamos a pensar si realmente no nos parecemos a alguna de ellas.

Débora conocía muy bien al enemigo que tenía que enfrentar. Si leemos el cántico de Jueces 5:28-31, ahí ella relata detalladamente lo que hacían después de ganar una batalla. Eso significa que ella sabía sus costumbres y dónde radicaba su vanagloria.

Es bueno conocer a nuestros enemigos espirituales como la carne, el mundo y Satanás. A veces no les damos importancia a estos enemigos, por eso perdemos las batallas.

Pero lo más admirable de esta mujer radicó en el conocimiento tan grande de las Escrituras. En ese entonces sólo tenían lo que llamamos el Pentateuco de Moisés, pero si leemos detenidamente su cántico del capítulo 5, encontraremos un relato completo de lo que el Señor había hecho por su pueblo.

Romanos 10:17 menciona: "Así que la fe es por el oír, y el oír, por la palabra de Dios". Hebreos 11:6, RVR60 nos aclara: "… sin fe es IMPOSIBLE agradar a Dios" (énfasis añadido). Esto nos significa que es imposible tener fe sin el conocimiento de la Palabra de Dios.

Débora tenía esa fe, pero estaba basada en lo que Dios afirma en su Palabra. ¡Cuánto necesitamos imitar esa fe!

Por lo general, miramos nuestros recursos para salir a nuestra batalla, ya sean materiales o espirituales. Si la deuda a enfrentar es mayor que nuestro sueldo, nuestra fe se viene a pique. Por supuesto, estoy hablando de deudas contraídas por contratiempos, enfermedades, etc. No incluyo aquí aquellas deudas que adquirimos irresponsablemente, ya sea para darnos algún gusto, o simplemente porque no administramos bien el dinero gastando de más.

También sucede cuando nos diagnostican alguna enfermedad, ya sea a nosotros o a alguien cercano a nuestros afectos.

Confiamos más en el médico a cargo de la operación o el tratamiento, que en Aquel que es el diseñador de nuestro cuerpo y sabe perfectamente qué necesitamos. Por favor, no estoy diciendo que no debemos ir al médico. Es sumamente necesario y necio de nuestra parte si no lo hacemos. Pero nuestra confianza no debe estar en el facultativo, sino en la mano poderosa que lo guía.

¡Y qué decir de nuestras capacidades! No sé si a usted le pasará lo mismo que a mí. Yo siento casi siempre que no tengo las aptitudes necesarias para ciertos trabajos. Especialmente los relacionados con mis manos. Para que se den una idea, hasta un moño, de esos que hay que tirar una cintita nada más, a mí me queda torcido. Sin embargo, ¡cuántas veces el Señor ha utilizado mis limitadas capacidades para alguna tarea en la iglesia o para ayudar a algún hermano! ¡Cuándo entenderemos que Él es el dueño de la obra y no nosotros!

Quiero relatar aquí una experiencia personal donde el Señor me demostró su total soberanía sobre mis bienes materiales.

Cuando falleció mi esposo, quedé con bastantes deudas. Él murió en una de sus nueve depresiones que tuvo en los treinta y siete años de nuestro matrimonio. Y siempre su enfermedad se debía a compromisos que había adquirido o a dinero que había prestado y que no le habían devuelto (ya mencioné lo confiado que era) o bien a garantías que firmaba y que luego, los responsables no pagaban y debía afrontar él.

Después de casi un año que mi esposo ya no estaba conmigo, me llegó una carta documento de Rentas de la Provincia, donde me intimaban a pagar la deuda de $ 1.284 (recuerdo exactamente la cifra). Para mí era imposible pagarla, ya que entonces mi sueldo era de $ 385. No quería molestar a nadie pidiendo prestado dinero porque no sabía cómo podría devolverlo. Cuando fui a Rentas para ver la posibilidad de pagar la deuda en cuotas o acogerme a alguna moratoria, me respondieron que era imposible porque ya se habían vencido todos los plazos.

Como se pueden imaginar mi escasa fe tambaleó como un borracho. ¿Qué podía hacer? NADA. O mejor dicho, no me quedó "otra solución" que orar al Señor. Cuento esto con mucha vergüenza, pero así fue.

A la mañana siguiente, me llegó una carta del Comando del Tercer Cuerpo de Ejército, donde había hecho los trámites para mi pensión, citándome a presentarme en la Delegación de Córdoba. Como mi hijo viajaba al día siguiente, le pedí que me llevara y así lo hizo, acompañándome hasta el Comando. Al entrar y dejar mi documento en la mesa de entrada (es un requisito indispensable en ese lugar), me indicaron que me dirigiera a una oficina donde me dirían el motivo de la citación. Así lo hice, y cuando mencioné el motivo de mi presencia allí, una señora, desde atrás de su escritorio puso en mis manos un cheque. Cuando miré la cifra, me saltaron las lágrimas. El importe era de $ 1.284. Me estaban pagando el sepelio de mi esposo. La mujer se asustó. No sabía qué me estaba pasando. Con la voz entrecortada le indiqué que no le podía explicar lo que me pasaba. ¡Cómo hacerle entender a alguien lo que sentía en ese momento!

Como se imaginarán, llegué a Deán Funes. Caí de rodillas delante del Señor, pidiéndole perdón por desconfiar de Él y agradeciéndole la solución que había puesto a mi alcance. Luego me dirigí a Rentas de la Provincia, endosé el cheque y saldé la deuda.

Esto ahora lo cuento con mucha facilidad, pero sólo el Señor sabe los momentos terribles que pasé. ¡Cuántas veces había leído la promesa de Salmos 68:5: Él es "Padre de huérfanos y DEFENSOR de viudas" (énfasis añadido). Pero cuando llegó el momento de hacer mía esa promesa, dudé del Señor. ¡Menos mal que Él sigue siendo fiel a sus promesas, a pesar de mi poca fe!

Eso pasa siempre cuando nos enfocamos en el problema y no en Aquel que es Soberano y tiene el control de todo: de nuestro cuerpo, de nuestras capacidades y aún de nuestro dinero.

¡Ojalá aprendamos a tener la fe de Débora, a pesar de nuestras limitaciones!

6

Jael, no le dio al enemigo oportunidad de recuperarse

Lectura bíblica: Jueces 4:17-23 y 5:24-27.

Cuando Sísara comprobó que había perdido por completo la batalla, huyó corriendo a través de la zona montañosa de Zabulón, hasta que llegó a Cedes de Neftalí (algunos historiadores dicen que recorrió 20 km, otros opinan que fueron 40 km).

Al divisar la carpa de un ceneo, aliados de su rey, corrió hasta la puerta de la misma. En ese momento no se encontraba Heber, su dueño, así que Jael, su esposa, salió a recibirlo.

—Entre en mi carpa, señor —le dijo amablemente—. Venga. No tenga miedo.

Sísara entró y ella lo invitó a recostarse para descansar, cubriéndolo con una manta.

—Dame un poco de agua, por favor —le dijo él—. Tengo sed.

Muy solícita, Jael le trajo leche en un tazón digno de nobles y después que él lo bebió, volvió a cubrirlo.

—Párate en la puerta de la carpa —le pidió Sísara—. Si alguna persona viene y pregunta ¿hay aquí alguno?, dile que no.

Jael sonrió ante tal pedido. Ella ya se había enterado de lo sucedido en la batalla y conocía muy bien al general que en ese momento le había pedido asilo en su carpa. Además, lo había acomodado en el sector donde nadie ajeno a la familia podía ingresar sin permiso. Todo eso contribuyó a que Sísara se sintiera seguro y se relajara. Después de haber huido corriendo tantos kilómetros, estaba agotado. Además, Jael le había dado una bebida con poderes sedantes que ellos usaban mucho en la zona desértica que vivían.

La mujer de Heber no tuvo que esperar mucho para comprobar que el comandante estaba profundamente dormido. Entonces se acercó en silencio con un martillo y una estaca en la mano y le traspasó la sien hasta dejarlo clavado en el suelo. Así murió el general cananeo.

Al rato llegó Barac que venía persiguiendo a Sísara. Jael salió a su encuentro y le dijo: "Ven, te mostraré al hombre que buscas".

Entonces él entró en la carpa tras ella, y allí encontró a Sísara muerto, tendido en el suelo con la estaca atravesada en la sien.

Por lo tanto, ese día Israel vio a Dios derrotar a Jabín, rey cananeo. Y a partir de entonces se hizo cada vez más fuerte contra este rey hasta que finalmente lo destruyó.

．．．

Cada vez que se relata esta historia, todos quedan horrorizados por lo que hizo Jael. ¿Cómo fue capaz de asesinar a Sísara de esa manera?

Si conocemos la historia de los ceneos, sabemos también que ellos simpatizaban con el pueblo de Israel. Cuando partieron del monte Sinaí, Moisés le pidió a su cuñado Hobab que los acompañara en su viaje hacia Canaán. Y aunque en un primer momento él se negó, es evidente que luego los acompañó, porque cuando se establecieron en la Tierra Prometida, se nombra a este pueblo. Cuando los miembros de la tribu de Judá salieron de Jericó –la ciudad de las palmeras–, los ceneos (que eran descendientes del suegro de Moisés) los acompañaron al desierto de Judá y se establecieron entre la gente del lugar, cerca de la ciudad de Arad, en el Neguev (véanse Números 10:29-32 y Jueces 1:16).

Jael sabía que si alguno de estos enemigos de Israel quedaba vivo, especialmente alguien como Sísara, su comandante, podía volver a reunir gente para luchar contra ellos. Por eso, utilizando las armas a su alcance, simplemente un martillo y una estaca de las que usaban para armar la carpa, mató al enemigo. Lo hizo de tal forma que no tuvo oportunidad de recuperarse.

Aunque esta historia parece drástica, es la única manera de tratar con nuestros enemigos. ¿Acaso "la carne" o el "yo" no nos atacan constantemente? ¿Qué podemos decir del "mundo" y todas las atracciones que nos presenta día a día? Satanás es un enemigo que no descansa de noche ni tiene días feriados.

Cuando somos indulgentes con alguno de ellos, seguro que nos derrota y nos lleva a situaciones cada vez más denigrantes.

En ese momento es cada vez más difícil, por eso 1 Juan 2:15-17 nos advierte: "No amen a este mundo ni las cosas que les ofrece porque cuando aman al mundo, no tienen el amor del Padre en ustedes. Pues el mundo sólo ofrece un intenso deseo por el placer físico, un deseo insaciable por todo lo que vemos y el orgullo de nuestros logros y posesiones. Nada de eso proviene del Padre, sino que viene del mundo, y este mundo se acaba junto con todo lo que la gente tanto desea; pero el que hace lo que a Dios le agrada vivirá para siempre".

Cuando menciono este tema con los jóvenes, ellos piensan que para mí es fácil vencer las tentaciones porque como ya soy abuela, no tengo los deseos que tienen ellos. Es cierto que mis tentaciones son distintas. Pero les aseguro que "la carne, el mundo y Satanás", tienen atracciones especiales para todas las edades. ¡Y en todas las edades cuesta vencerlas!

El único remedio que existe es tomar la decisión de Jael. Debemos ser drásticos con nuestros enemigos. Matarlos sin darle oportunidad de recuperarse.

El relato de Hechos 19:13-16 es un ejemplo claro. Como Pablo hacía grandes milagros en el nombre del Señor Jesús, "un grupo de judíos viajaba de ciudad en ciudad expulsando espíritus malignos. Trataban de usar el nombre del Señor Jesús en sus conjuros y decían: "¡Te ordeno en el nombre de Jesús, de quién Pablo predica, que salgas!" Siete hijos de un tal Esceva, un sacerdote principal, hacían esto. En una ocasión que lo intentaron, el espíritu maligno respondió: "Conozco a Jesús y conozco a Pablo, ¿pero quiénes son ustedes? Entonces el hombre con el espíritu maligno se lanzó sobre ellos, logró dominarlos y los atacó con tal violencia que ellos huyeron de la casa, desnudos y golpeados".

"Esta historia corrió velozmente por toda Éfeso, entre judíos y griegos por igual. Un temor solemne descendió sobre la ciudad y el nombre del Señor Jesús fue honrado en gran manera. Muchos de los que llegaron a ser creyentes confesaron sus prácticas pecaminosas. Varios de ellos que practicaban la hechicería, trajeron sus libros de conjuros y los quemaron en una hoguera pública. El valor total de los libros fue de cincuenta mil monedas de plata. Y el mensaje acerca del Señor se extendió por muchas partes y tuvo un poderoso efecto" (Hechos 19:17-20).

Estos hermanos que se habían convertido al Señor en Éfeso tomaron medidas drásticas con sus antiguas costumbres: LAS QUEMARON. No quisieron tener la tentación de volver a sus prácticas anteriores.

¡A eso yo llamo "matar al enemigo" sin darle oportunidad de regresar!

Cada uno sabrá qué debe destruir o "matar". Pero les aseguro que es la única manera que esa práctica (sea lo que fuere), no vuelva a atacarnos. ¡Y no vuelva a ganarnos la batalla!

¡Imitemos a Jael!

7

Ebed-melec, salió en defensa de la justicia

Lectura: Jeremías 38:1-13 y 39:15,11,18.

Ebed-melec era de raza etíope y un importante funcionario de la corte del rey Sedequías. Allí se enteró de todo lo que le habían hecho en contra al profeta Jeremías. Pasur, el sacerdote encargado del templo lo había arrestado y después de ordenar que lo azotaran, lo puso en el cepo. El rey anterior, Joacim, había quemado el rollo que Baruc, el secretario del profeta, había leído en su presencia. Lo habían acusado falsamente de querer desertar y lo habían encarcelado en un calabozo, donde no tenía ni siquiera una letrina y donde, además, no podía acostarse a descansar porque sólo tenía espacio para permanecer parado o hincado de rodillas. De ese lugar lo mandó a sacar el rey Sedequías a escondidas y le pidió que fuera al palacio.

Allí le preguntó el rey:

–¿Tienes algún mensaje de parte del Señor?

–¡Sí, tengo! –contestó Jeremías sin dudar–. Serás derrotado por el rey de Babilonia. Inmediatamente le preguntó:

–¿Qué crimen he cometido; ¿Qué he hecho contra ti, tus ayudantes o el pueblo para que me hayan encarcelado? ¿Ahora dónde están tus profetas que te dijeron que el rey de Babilonia no te atacaría a ti ni a esta tierra?

Él ya les había anticipado que los babilonios conquistarían la ciudad y la quemarían reduciéndola a cenizas. Pero nadie le creía. Apelando a los sentimientos de Sedequías, el profeta le pidió:

–Escucha, mi señor y rey, te suplico que no me mandes de regreso al calabozo en la casa del secretario Jonatán, porque allí moriré.

Así que el rey Sedequías mandó que no regresaran a Jeremías al calabozo. En cambio lo encerró en el patio de la guardia del palacio. El rey también ordenó que cada día se le diera al profeta un pan recién horneado mientras hubiera pan en la ciudad. Así que Jeremías fue puesto en la prisión del palacio.

Desde allí el profeta siguió predicando lo que le decía el Señor:

–Todo el que se quede en Jerusalén morirá por guerra, enfermedad o hambre, pero los que se rindan a los babilonios, vivirán.

Entonces los funcionarios fueron a ver al rey y le dijeron:

–Señor, ¡este hombre debe morir! Esta forma de hablar desmoralizará a los pocos hombres de guerra que nos quedan, al igual que a todo el pueblo. ¡Este hombre es un traidor!

El rey Sedequías estuvo de acuerdo:

–Está bien –dijo–, hagan lo que quieran. No los puedo detener.

Así que los funcionarios sacaron a Jeremías de la celda y lo bajaron con sogas a una cisterna vacía en el patio de la cárcel, que pertenecía a un miembro de la familia real. La cisterna no tenía agua pero Jeremías se hundió en una espesa capa de barro que había en el fondo.

Cuando Ebed-melec se enteró que Jeremías estaba en la cisterna, no pudo soportar otra injusticia hacia el profeta y salió del palacio a toda prisa para interceder ante el rey.

–Mi señor –le dijo–, estos hombres hicieron un gran mal al poner al profeta Jeremías dentro de la cisterna. Pronto morirá de hambre porque casi no hay pan en la ciudad.

Entonces el rey, movido a misericordia, le sugirió:

–Toma contigo a unos treinta de mis hombres y saca a Jeremías de la cisterna antes de que muera.

Inmediatamente Ebed-melec buscó a los hombres que le había sugerido el rey y, antes de dirigirse a la cisterna, fue a la habitación del palacio que estaba debajo de la tesorería y buscó trapos viejos y alguna ropa andrajosa que llevó a la cisterna. Allí se las bajó con sogas a Jeremías, mientras le gritó:

–Ponte estos trapos debajo de las axilas para protegerte de las sogas.

Ebed-melec sabía que el profeta ya tendría toda esa zona lastimada por las sogas con que lo bajaron, por lo que no quería que, al subirlo, se lastimara peor.

Cuando Jeremías estuvo listo, lo sacaron. Entonces lo regresaron al patio de la guardia –la prisión del palacio– y allí permaneció.

Después de algunos días, cuando todavía estaba en prisión, el profeta recibió un mensaje de parte del Señor y se lo transmitió a Ebed-melec:

–Esto dice el SEÑOR de los Ejércitos Celestiales, Dios de Israel. Cumpliré en esta ciudad todas mis amenazas, enviaré desastre y no prosperidad. Tú mismo verás su destrucción, pero te libraré de aquellos a quienes tanto temes. Como has confiado en mí, te daré tu vida como recompensa; te rescataré y te mantendré seguro. ¡Yo, el SEÑOR, he hablado!

Esta historia es un ejemplo de lo que deberíamos hacer con algún hermano que está caído en algún pozo (hablando metafóricamente).

Puede ser que él mismo haya caído, por algún traspié o pecado voluntario. Esa situación siempre nos hunde en un pozo, donde la mayoría de las veces no podemos salir por nuestra propia cuenta. Nos sentimos miserables, por haberle faltado al Señor. ¡Cuánto nos hace falta un Ebed-melec que nos saque de esa situación! Pero debemos hacerlo "con ternura y humildad" (que serían los trapos viejos que utilizó este etíope con Jeremías), considerando que nosotros también podríamos estar en similar situación si el Señor no nos sostuviera cada día (véase Gálatas 6:1).

También puede ser que algún hermano haya caído en un pozo porque otros lo tiraron, con maledicencia, murmuración o con alguna mentira dicha en su contra. Si nos encontramos con una situación así, nuestro deber es animar y alentar a tal hermano, para que pueda restaurarse y perdonar el agravio que cometieron con él.

O también puede ser que alguien se encuentre en un

pozo de desesperación debido a alguna situación económica o enfermedad. Estando en el pozo mirando hacia los costados, sólo verá oscuridad y sombra. Necesita de alguien que pueda confortarlo y guiarlo a mirar hacia arriba, al Único que puede darle luz y esperanza. Si se trata de un problema económico y está a nuestro alcance, nuestro deber cristiano es proporcionarle la ayuda que necesita (véanse Proverbios 3:27 y 1 Juan 3:17-18).

¡Que tengamos la visión y misericordia que tuvo Ebed-melec con Jeremías! Seguramente tendremos también la bendición de la recompensa que él recibió de parte del Señor, junto con la promesa que estaremos seguros.

8
Rahab, obró de acuerdo a su fe

Lectura: Josué 2 y 6:22-25.

Rahab iba y venía atendiendo a los clientes de su posada en la ciudad de Jericó que venían a beber unas copas y entretenerse. Desde hacía algunos días, el tema de conversación era siempre el mismo: el campamento israelita que estaba al otro lado del río Jordán.

—Dicen que vienen desde Egipto —mencionó un hombre que estaba junto a la mesa con sus amigos—, estuvieron durante cuarenta años en el desierto.

—Sí —acotó un segundo hombre—. Y cuando salieron, el Mar Rojo se abrió para darles paso.

—Y luego se cerró ahogando al ejército de Faraón —agregó un tercero.

—También dicen que su Dios los alimentó con codornices que caían del cielo e hizo salir agua de las rocas.

—Sí, todo esto es cierto, ese Dios es muy distinto a los nuestros, que solamente conceden de vez en cuando algún deseo.

—Y tenemos que estar llevándoles presentes para calmar su ira —comentó uno de ellos.

Quedaron callados un momento. Luego siguió la conversación. Todos querían expresar sus opiniones.

—También se han apoderado de las tierras que pertenecían a los dos reyes amorreos al oriente del río Jordán.

—Lo que sucedió es que ellos pidieron permiso para pasar por sus tierras, y se lo negaron.

—Por eso destruyeron todas sus ciudades, que son más de sesenta, y aniquilaron a toda la gente, tanto hombres como mujeres y niños.

—Y se quedaron con todos los animales y el botín de las ciudades.

—Recuerdo que me contaron que Og, rey de Basán, era el último sobreviviente de los gigantes refaítas. Su cama era de hierro y tenía más de cuatro metros de largo y casi dos de ancho.

—¡No le sirvió de absolutamente nada semejante físico frente a este ejército! —recalcó uno de ellos.

El miedo se percibía en el ambiente. Todos estaban sobrecogidos de terror.

—¿Y qué les parece que harán ahora? —preguntó el más callado de la mesa.

—¡Atacarnos! Por supuesto…

—¿Creen ustedes que podrán entrar a Jericó? ¡Nuestras murallas tienen más de seis metros de ancho y treinta de alto! ¡Nadie hasta ahora ha podido vencernos!

—También hay que tener en cuenta que necesitan cruzar el río Jordán y en esta época de cosecha está totalmente desbordado. ¡Hay muy pocos vados y ninguno para cruzarlo con tanta gente!

—No sé… ¡Por algo nuestro rey está tan intranquilo y

movilizando sus tropas! —cada uno iba manifestando sus temores y presagios.

Quedaron en silencio por un rato. Luego de a uno fueron saliendo del lugar.

Cuando el salón quedó vacío, Rahab comenzó a limpiar.

"¡Qué maravilloso sería tener un Dios así!" —pensaba mientras corría las sillas hacia un costado—. "Pero, ¡de qué me valdría encontrar a ese Dios con la vida que he tenido!"

Suspiró pensativa y se quedó parada, con las manos en el cabo de la escoba y su mentón apoyado en ella. Recordaba su pasado: Había sido una de las profetizas del templo de la diosa Astarte. También las llamaban mujeres "divinas". Pero en realidad su actividad consistía en satisfacer los deseos sexuales de todos los hombres que iban a "adorar" a la diosa. De esa manera se aseguraban la fertilidad de la tierra y las buenas cosechas. Ese oficio era bien reconocido por todos. Nadie veía mal ejercer la prostitución en el templo. ¡Al contrario!, era un trabajo digno. Pero cuando su cuerpo perdió el atractivo de la juventud, la despidieron. Como no tenía esposo que la mantuviera, puso aquella posada y se dedicó a la prostitución como medio de subsistencia. No había visto mal ese tipo de vida. Pero ahora, no sabía por qué, pero al escuchar de ese Dios de los hebreos, su conciencia la acusaba.

Volvió a suspirar y siguió con la limpieza. Luego se fue a descansar. Al otro día, como siempre, atendió su posada. La conversación rondaba en el mismo tema. Cuando ya estaba anocheciendo, entraron dos hombres. Ella se acercó solícita para atenderlos y cuando escuchó sus voces, se dio cuenta que eran israelitas. Miró hacia uno y otro lado y comprobó que algunos de sus clientes se deslizaban sigilosamente hacia la puerta de salida. "¡Seguramente van a contarle al rey que han venido para espiar la tierra!".

Sin dudarlo, pidió a los espías en voz baja que la siguieran. Los dos hombres obedecieron a Rahab y subieron la escalera hasta llegar a la azotea. Allí los escondió debajo de unos manojos de lino.

—Quédense aquí hasta que yo les diga —les recomendó, bajando nuevamente al negocio.

Cuando se retiró el último de sus clientes, Rahab cerró la puerta y se disponía a comenzar con la limpieza, cuando escuchó unos fuertes golpes, acompañados de una potente voz.

—Saca fuera a los hombres que llegaron a tu casa —le ordenaron— porque han venido a espiar todo el territorio.

Rahab, muy solícita, abrió la puerta.

—Es cierto, los hombres pasaron por aquí, pero yo no sabía de dónde venían. Salieron de la ciudad al anochecer, cuando las puertas estaban por cerrar. No sé hacia dónde fueron —y sonriendo para sus adentros, insinuó—. Si se apresuran, probablemente los puedan alcanzar.

Los hombres enviados por el rey, salieron apurados y buscaron a los espías por todo el camino que llevaba a los vados del río Jordán. Justo después que ellos se fueron, cerraron la puerta de Jericó.

Esa noche, antes que los espías se durmieran, Rahab subió a la azotea para hablar con ellos.

—Sé que el SEÑOR les ha dado esta tierra —les dijo—. Todos tenemos miedo de ustedes. Cada habitante de Jericó vive aterrorizado. Pues hemos oído cómo el SEÑOR les abrió un camino en seco para que atravesaran el Mar Rojo cuando salieron de Egipto. Y sabemos lo que les hicieron a Sehón y a Og, los dos reyes amorreos al oriente del río Jordán, cuyos pueblos ustedes destruyeron por completo. ¡No es extraño que nuestro corazón esté lleno de temor! A nadie le queda valor para pelear después de oír semejantes sucesos. Pues el SEÑOR su Dios es el Dios supremo arriba en los cielos, y abajo, en la tierra —y a manera de súplica, continuó—; ahora júrenme por el SEÑOR que serán bondadosos conmigo y con mi familia, ya que les ayudé. Por eso yo les pido que me juren aquí mismo, por el Señor, que cuando Jericó sea conquistada, salvarán mi vida y también la de mi padre y mi madre, mis hermanos y hermanas con sus familias.

—Te ofrecemos nuestra propia vida como garantía por la tuya —le prometieron ellos—. Si no nos delatas, cumpliremos nuestra promesa y seremos bondadosos contigo cuando el SEÑOR nos dé la tierra.

Dado que la casa de Rahab estaba construida en la muralla de la ciudad, ella preparó una cuerda para hacerlos bajar desde una ventana.

—Huyan a la zona montañosa —les dijo—. Escóndanse allí de los hombres que los están buscando por tres días. Luego, cuando ellos hayan vuelto, ustedes podrán seguir su camino.

Antes de partir, los hombres le dijeron:

—Estaremos obligados por el juramento que te hemos hecho sólo si sigues las siguientes instrucciones: cuando entremos en esta tierra, tú deberás dejar una cuerda de color rojo colgada de la ventana por donde nos hiciste bajar; y todos los miembros de tu familia —tu padre, tu madre, tus hermanos y todos tus parientes– deberán estar aquí, dentro de la casa. Si salen a la calle y los matan, no será nuestra culpa, pero si alguien les pone la mano encima a los que estén dentro de esta casa, nos haremos responsables de su muerte –y antes de bajar, le advirtieron–. Sin embargo, si nos delatas, quedaremos totalmente libres de lo que nos ata a este juramento.

–Acepto las condiciones –respondió ella.

Entonces Rahab los despidió e inmediatamente ató la cuerda roja y la dejó colgada de la ventana.

Acomodó un poco el salón, apiló las sillas en un rincón y salió apresuradamente para la casa de sus padres. Les habló con tal convicción, que los convenció para que vinieran a refugiarse en su casa. Lo mismo hizo con los demás parientes.

Los espías subieron a la zona montañosa y se quedaron allí tres días. Los hombres que los perseguían los buscaron por todas partes a lo largo del camino pero, al final, regresaron sin éxito.

Desde la ventana de la casa de Rahab, todos observaban expectantes el movimiento en el campamento israelita. Vieron cómo se movilizaron y llegaron hasta la orilla del río Jordán. "¿Qué irán a hacer ahora?" –se preguntaban. Era la temporada de la cosecha y el río desbordaba su cauce.

Llenos de asombro observaron que los sacerdotes cargaban en sus hombros una caja brillante, que seguramente sería de oro, con dos ángeles en su tapa, avanzaron hacia el río, y cuando sus pies tocaron el agua, la corriente que venía de río arriba dejó de fluir y comenzó a amontonarse a una gran distancia de allí. Y el agua que estaba río abajo desembocó en el Mar Muerto hasta que ¡el lecho del río quedó seco! Despúes todo el pueblo lo cruzó cerca de la ciudad de Jericó.

La familia de Rahab no salía de su asombro. Los sacerdotes que llevaban la caja brillante se quedaron parados en medio del lecho, mientras el pueblo pasaba frente a ellos y permanecieron allí hasta que toda la nación de Israel terminó de cruzar el Jordán por tierra seca.

Observaron cómo doce hombres tomaron piedras del lecho del río donde estaban los sacerdotes y cargándolas en los hombros, las llevaron al lugar donde habían acampado esa noche y construyeron un monumento. Luego, el comandante apiló otras doce piedras a la mitad del Jordán, en el lugar donde estaban parados los sacerdotes que llevaban la caja brillante.

Cuando todos estuvieron a salvo en la otra orilla, los sacerdotes salieron del lecho del río. Ni bien sus pies pisaron tierra firme, las aguas del Jordán volvieron a fluir y desbordaron el cauce normal.

En la casa de Rahab nadie hablaba. Lo que habían presenciado era asombroso. ¡Nunca antes había sucedido algo así! Se turnaban para mirar por la ventana. Los días siguientes vieron movimiento en el campamento, pero no sabían bien qué sucedía. Después de algunos días parecía que estaban festejando algo. Mientras tanto, las puertas de Jericó permanecían cerradas, porque la gente tenía miedo de los israelitas.

Pasó una semana más y los parientes de Rahab observaron un gran movimiento en el campamento israelita. Comenzaron una marcha alrededor de la ciudad. Adelante iban algunos soldados armados, luego unos sacerdotes tocando bocinas de cuernos de carnero, detrás llevaban la caja brillante y después estaba el resto del pueblo. El único sonido que se oía era el de las bocinas, los demás marchaban en completo silencio. Dieron una vuelta a la ciudad y volvieron al campamento.

Al día siguiente, muy temprano, hicieron lo mismo. Algunos de los guardias, apostados en la muralla, les gritaban e insultaban pero nadie respondía. Solamente se oían las bocinas.

Esto sucedió por seis días seguidos. Al séptimo día, rodearon la ciudad siete veces y quedaron parados mirando hacia ella. Al grito del comandante, todos juntos gritaron. Inmediatamente se escuchó un estruendo de rocas que caían y se partían. La casa tembló considerablemente.

¡Las murallas se desmoronaron como un castillo de arena arrastrado por el mar!

Las personas dentro de la casa de Rahab no sabían qué hacer.

—¡Nadie salga! —les advirtió enérgicamente la dueña—. Los espías me prometieron que si nos quedábamos adentro, no nos harían daño.

Se oían gritos de toda clase: Hombres insultando, mujeres llorando y niños quejándose.

Todos en la casa estaban aterrorizados, pero obedecieron la orden de Rahab.

En medio del desorden, escucharon unos golpes a la puerta. Corrieron a abrir. Eran los espías que habían estado allí unos días antes.

—Venimos a sacarlos de aquí —les dijeron.

Entraron y condujeron a toda la familia a un lugar seguro, cerca del campamento de Israel. Mientras huían, vieron cómo los israelitas quemaron la ciudad y todo lo que había en ella.

Desde ese día, Rahab y su familia se quedaron a vivir entre el pueblo de Israel. Un hebreo llamado Salmón, contrajo matrimonio con Rahab y tuvieron un hijo al que llamaron Obed, que fue el padre de Isaí, y éste engendró al rey David.

De esa manera Rahab, siendo una mujer gentil, o sea, que no pertenecía al pueblo de Israel y con un pasado que muchos reprocharían, vino a ser una de las ascendientes del Señor Jesucristo. Su nombre figura en la genealogía del Mesías de Israel en el primer capítulo de San Mateo.

....

¡Siempre me conmovió ver el nombre de Rahab en la genealogía de nuestro Señor Jesucristo, acompañado por los nombres de otras tres mujeres, que, de relatar nuestra ascendencia, seguramente ninguno de nosotros hubiéramos mencionado su nombre!

Sin embargo, eso me demuestra que nuestro Dios sólo mira nuestro corazón, olvidándose del pasado que cada uno ha tenido.

Cuando en el Nuevo Testamento se menciona el nombre de esta mujer, siempre se dice lo que hizo, acompañando lo que era. Leemos en Hebreos 11:31: "Fue por la fe que Rahab, la prostituta, no fue destruida junto con los habitantes de su ciudad que se negaron a obedecer a Dios.

Pues ella había recibido en paz a los espías". Y en Santiago 2:25 menciona: "Rahab, la prostituta, es otro ejemplo. Fue declarada justa ante Dios por sus acciones cuando ella escondió a los mensajeros y los ayudó a regresar sin riesgo alguno por otro camino".

Dios no esconde la que ella era: una prostituta, pero eso no impide que sea alabada. ¡Gracias al Señor porque nunca nos reprochará nuestras malas acciones cuando nos arrepentimos y nos alejamos de esas prácticas!

Pero la lección que quiero extraer de este relato es la importancia que tiene para el Señor nuestras buenas obras. Cuando hablamos de nuestra salvación y mencionamos Efesios 2:8-9: "Dios los salvó por su gracia cuando creyeron. Ustedes no tienen ningún mérito en eso; es un regalo de Dios. La salvación no es un premio por las cosas buenas que hayamos hecho, así que ninguno de nosotros puede jactarse de ser salvo". Siempre nos quedamos en estos versículos, sin mencionar el siguiente (v. 10): "Pues somos la obra maestra de Dios. Él nos creó de nuevo en Cristo Jesús, a fin de que hagamos las cosas buenas que preparó para nosotros tiempo atrás".

Es cierto que no somos salvos por obras. De otra manera muchos, como el ladrón que fue crucificado junto al Señor, no podrían haber sido salvos. Pero eso no es excusa para dejar de hacer "buenas obras". Por algo el Señor, en el llamado Sermón del Monte, cuando menciona que debemos ser luces para el mundo, dice: "De la misma manera, dejen que sus buenas acciones brillen a la vista de todos, para que todos alaben a su Padre celestial" (Mateo 5:16).

¡Cuánto necesita este mundo de personas que estén

dispuestas a dar su tiempo, sus talentos, su dinero, y demás, para aliviar en algo la situación que están viviendo otros!

Y nosotros, que tenemos el "agua viva" nos quedamos en nuestros hogares, muy cómodos. O bien, ayudamos, pero siempre en el ámbito de nuestros hermanos de la iglesia. No digo que eso esté mal. Pero visitemos los hospitales, los barrios marginales, los geriátricos, hogares de huérfanos, escuelas para personas con capacidades diferentes, etc., etc., etc. y nos vamos a dar cuenta, el bien que podemos hacer a veces simplemente con una palabra de aliento o con un pequeño presente hecho con nuestras manos.

¡Nuestra sociedad necesita personas dispuestas a colaborar! Haciendo esto, nos vamos a asombrar cómo la gente está dispuesta a escuchar las buenas nuevas de salvación. Pero no podemos hablarle de Cristo a alguien hambriento si antes no llenamos su estómago.

¡Ojalá aprendamos la lección de Rahab, que llegó a exponer su vida por dos extraños! Yo sé que ella nunca se imaginó la hermosa bendición que recibiría a cambio.

9

El hombre de Dios, desobedeció a pesar de haber sido advertido

Lectura: 1 Reyes 13.

Trascribiré esta historia tal como figura en la versión Nueva Traducción Viviente (NTV).

Por mandato del Señor, un hombre de Dios de la región de Judá fue a Betel y llegó en el momento que Jeroboam se acercaba al altar para quemar incienso. Luego, por mandato del Señor, el hombre de Dios gritó:

«¡Oh, altar, altar! Esto dice el SEÑOR: "En la dinastía de David nacerá un niño llamado Josías, quién sacrificará sobre ti a los sacerdotes de los santuarios paganos que vienen aquí para quemar incienso, y sobre ti se quemarán huesos humanos"».

Ese mismo día, el hombre de Dios dio una señal para demostrar que su mensaje era verdadero y dijo: «El SEÑOR ha prometido dar una señal: este altar se partirá en dos, y sus cenizas se derramarán en el suelo».

Cuando Jeroboam oyó al hombre de Dios hablar contra el altar de Betel, el rey lo señaló con el dedo y gritó: «¡Detengan a ese hombre!»; pero al instante, la mano del rey se paralizó en esa posición, y no podía moverla. En ese mismo momento se produjo una enorme grieta en el altar y las cenizas se desparramaron, tal como el hombre de Dios había predicho en el mensaje que recibió del SEÑOR.

Entonces el rey clamó al hombre de Dios: «¡Te ruego que le pidas al SEÑOR tu Dios que me restaure la mano!». Así que el hombre de Dios oró al SEÑOR, y la mano quedó restaurada y el rey pudo moverla otra vez.

Después el rey dijo al hombre de Dios:

—Ven al palacio conmigo, come algo y te daré un regalo.

Pero el hombre de Dios le dijo al rey:

—Aunque me dieras la mitad de todo lo que poseas, no iría contigo. No comería ni bebería nada en este lugar, porque el SEÑOR me ordenó: "No comas ni bebas nada mientras estés allí y no regreses a Judá por el mismo camino".

Así que salió de Betel y volvió a su casa por otro camino.

Sucedió que había un profeta anciano que vivía en Betel y sus hijos fueron a contarle lo que el hombre de Dios había hecho en Betel ese día. También le contaron a su padre lo que el hombre le había dicho al rey. El profeta anciano les preguntó: «¿Por dónde se fue?». Así que ellos le mostraron a su padre el camino que el hombre de Dios había tomado. «¡Rápido, ensillen el burro!» —les dijo el anciano. Enseguida le ensillaron el burro y se montó.

Entonces salió cabalgando en busca del hombre de

Dios y lo encontró sentado debajo de un árbol grande. El profeta anciano le preguntó:

–¿Eres tú el hombre de Dios que vino de Judá?

–Sí, soy yo –le contestó.

Entonces le dijo al hombre de Dios:

–Acompáñame a mi casa y come algo.

–No, no puedo –respondió–. No se me permite comer ni beber nada en este lugar, porque el SEÑOR me dio este mandato: "No comas ni bebas nada mientras estés allí y no regreses a Judá por el mismo camino".

Sin embargo el profeta anciano le dijo:

–Yo también soy profeta, como tú. Y un ángel me dio este mandato de parte del SEÑOR: "Llévalo a tu casa para que coma y beba algo".

Pero el anciano le estaba mintiendo. Así que regresaron juntos, y el hombre de Dios comió y bebió en la casa del profeta.

Mientras estaban sentados a la mesa, vino un mandato del SEÑOR al profeta anciano, quien le gritó al hombre de Dios de Judá:

«Esto dice el SEÑOR: "Has desafiado la palabra del SEÑOR y desobedecido el mandato que el SEÑOR tu Dios te dio. Regresaste a este lugar para comer y beber donde él te dijo que no comieras ni bebieras. Por eso, tu cuerpo no será enterrado en la tumba de tus antepasados"».

Cuando el hombre de Dios terminó de comer y beber, el profeta anciano ensilló su propio burro y se lo dio, y el hombre de Dios siguió su camino. Mientras viajaba, le salió al paso un león y lo mató. Su cuerpo quedó tirado en el camino, y tanto el burro como el león estaban junto al cadáver. Unas personas que pasaban por allí, al ver el cuerpo tirado en el camino y al león parado junto a él, fueron a dar la noticia a Betel, donde vivía el profeta anciano.

Cuando el profeta oyó la noticia, dijo: «Es el hombre de Dios que desobedeció el mandato del SEÑOR. El SEÑOR cumplió su palabra al hacer que el león lo atacara y lo matara».

Luego el profeta dijo a sus hijos: «Ensíllenme un burro». Así que ellos ensillaron un burro y él salió y encontró el cuerpo tirado en el camino. El burro y el león todavía estaban parados junto al cadáver, pues el león no se había comido el cuerpo, ni había atacado al burro. Entonces el profeta cargó el cuerpo del hombre de Dios sobre el burro y lo llevó de regreso a la ciudad para hacer duelo por su muerte y enterrarlo. Puso el cuerpo en su propia tumba y clamó con profundo dolor: «¡Ay, hermano mío!».

Después el profeta dijo a sus hijos: «Cuando yo muera, entiérrenme en la tumba donde está enterrado el hombre de Dios. Pues el mensaje que el SEÑOR le dijo que proclamara contra el altar de Betel y contra los santuarios paganos en las ciudades de Samaria, ciertamente se cumplirá».

La profecía del hombre de Dios se cumplió tal como él lo predijo. El rey Josías, que nació alrededor de 150 años después de esta profecía, hizo tal cual estaba profetizado. Eso nos demuestra que NADA (ni una jota ni una tilde) de la Palabra de Dios se dejó ni se dejará de cumplir.

La profecía cumplida la leemos en 2 Reyes 23:15-18:

"El rey [Josías] también derribó el altar que estaba en Betel, el santuario pagano que Jeroboam, hijo de Nabat, había levantado cuando hizo pecar a Israel. Quemó el santuario y lo molió hasta convertirlo en cenizas, y quemó el poste dedicado a la diosa Asera. Luego Josías se dio vuelta y notó que había varias tumbas en la ladera de la colina. Ordenó que sacaran los huesos y los quemó sobre el altar de Betel para profanarlo. (Todo sucedió tal como lo había anunciado el SEÑOR por medio del hombre de Dios cuando Jeroboam se paró junto al altar durante el festival).

Después Josías se dio vuelta y miró hacia arriba, a la tumba del hombre de Dios que había predicho estas cosas.

–¿Qué es ese monumento que está allí? –preguntó Josías.

Y la gente de la ciudad contestó:

–¡Es la tumba del hombre de Dios que vino desde Judá y predijo precisamente lo que tú acabas de hacer al altar de Betel!

–¡Déjenlo en paz! –respondió Josías–, ¡no molesten sus huesos!

Por lo tanto, no quemaron sus huesos ni los del viejo profeta de Samaria".

Esta historia, al menos a mí, me deja una gran lección. Cuando recibimos algún mensaje de parte del Señor, ya sea que lo hayamos leído en su Palabra, o que lo hayamos escuchado y claramente nos dimos cuenta que era un mensaje para nosotros, no podemos tomarlo con liviandad.

Voy a poner un ejemplo muy práctico que, aunque sé que ya mucho se ha hablado de esto, no está de más advertirlo nuevamente.

El Señor dice bien claro en su Palabra: "No se asocien íntimamente con los que son incrédulos" (2 Corintios 6:14a).

Pero nuestros ojos se van tras un muchacho o una chica incrédulos. Sabemos perfectamente que la Palabra de Dios nos advierte que no debemos codiciar nada de este mundo, pero no falta un buen hermano, que, con la mejor intención, nos dice: "Yo conozco a fulano que se puso de novio con una chica inconversa y después ella se convirtió. A lo mejor el Señor quiere salvar a esa chica por medio tuyo". Esas palabras comienzan a anidar en la mente y lo que al principio teníamos claro: "No debo hacer esto que desagrada al Señor", se empieza a desdibujar y ya no lo vemos como tan malo. Luego comenzamos a "coquetear" con el pecado y, cuando menos nos acordamos, el "león rugiente", consigue sus propósitos.

Estoy consciente que algunas veces (pero muy pocas), el novio o la novia inconversos llegaron a recibir a Cristo. Pero lo que estoy segura es que nunca esa pareja llegó a ser lo que el Señor hubiera deseado para ellos. Él es misericordioso y permite, a veces, que esto suceda, pero no es "su voluntad, agradable y perfecta".

Tengo una gran lista de testimonios, tanto de chicas como de muchachos, que por desobedecer este mandato explícito del Señor, tuvieron que sufrir muy graves consecuencias. Ya escribí dos libros contando alguna de esas historias.

La figura que nos presenta el final de la historia bíblica que leímos es muy gráfica. Estaba el hombre de Dios muerto, tendido en el camino; el burro a su lado y el león, que no había hecho daño alguno al otro animal. Sabemos que el león es figura de Satanás (véase 1 Pedro 5:8) y el burro, de ignorancia. Y el hombre estaba tendido "en el camino", o sea, no había llegado a destino.

Gráficamente tenemos lo que sucede cuando desobedecemos la Palabra del Señor: Satanás consigue matar nuestro testimonio, nuestras ilusiones, nuestros proyectos, nuestra vida de servicio etc., sin tocar para nada nuestra ignorancia. Mientras más ignorancia tengamos de la Palabra de Dios, Él se queda muy tranquilo a nuestro lado, habiendo conseguido frustrar nuestra vida. ¡Y todo por haber ignorado (o tenido en poco) las advertencias del Señor!

Esto sucede no solamente con la pareja que elegimos, sino también con cualquier pecado que la Palabra del Señor condena. Algunos de esos pecados nos parecen inofensivos, porque no dañan a otras personas. Como por ejemplo: los malos pensamientos, la pornografía, las películas indecentes, etc. Es cierto que esto no daña a otros, al principio, pero cuando se anidan en nuestra mente, no sólo nos destruyen a nosotros, sino también a los que nos rodean.

Sucede lo mismo cuando hacemos alguna sociedad o negocio con personas inconversas. Aunque al principio parezca que es todo promisorio, no conozco ningún caso en que esa sociedad haya sido de bendición. Al contrario, de a poco, el hijo de Dios que ha caído en esto, se va alejando de las cosas santas, cada vez tiene menos en cuenta la advertencia bíblica sobre pagar los impuestos, rendir cuenta ante el gobierno, etc. y, finalmente, termina peor de lo que estaba cuando hizo esa sociedad.

No me voy a extender mucho sobre este tema porque

creo que no es necesario. Como ya mencioné, hay mucho escrito o predicado al respecto. Pero me pareció prudente, volver a recordarlo.

¡Por favor! ¡No seamos insensatos e ignoremos las advertencias de la Palabra de Dios!

10

Bezaleel y Aholiab, pusieron sus talentos al servicio del Señor

Lectura: Éxodo 31:1-11 y 35:30–36:1.

Bezaleel estaba terminando una de las estatuas que le había encargado el Faraón para su palacio. Debía poner todo su empeño, porque el rey era muy estricto en todos los pedidos que le hacía. Cada día tenía que esmerarse más. Especialmente cuando le encargaban una túnica bordada en oro para alguna fiesta en el palacio, debía poner todo su empeño en hacerla muy bella. Era la manera de conservar su puesto. Además, no podía darse el lujo de rechazar ningún trabajo que le traían de parte del rey, pues era esclavo de los egipcios, lo mismo que todo el pueblo de Israel.

No tenía problema en hacer los adornos del palacio, las vestiduras, o algún colgante para los salones de fiestas. Pero lo que sí sufría era cuando le encargaban que tallara alguno de los dioses egipcios. Él sabía que el único Dios verdadero era el que ellos adoraban. Pero no tenía opción. Si no obedecía, era castigado. Y lo que es peor, también su familia tenía que sufrir las consecuencias.

Veía con dolor cómo todos los días alguno de sus compañeros era azotado por un capataz. La mayoría de las veces, sin motivo. Pero nadie podía quejarse ni ofenderse, ya que todos ellos eran esclavos y todos debían obedecer.

Un día recibió la noticia que había vuelto del desierto un profeta de Jehová, su Dios, llamado Moisés. Había reunido a todos los príncipes de las tribus y les había dicho que él, con su hermano Aarón se iban a presentar ante el Faraón para que los dejara en libertad.

¡Cómo deseaba que esto se hiciera realidad! Le dijeron que Moisés había sido criado en el palacio, por la hija de otro Faraón que había gobernado anteriormente, pero había tenido que huir al desierto de Madián, porque había matado a un egipcio que estaba golpeando a un compatriota. Eso había sucedido hacía ya cuarenta años. ¿Podría hacer algo un hombre de ochenta años contra el corazón rebelde del Faraón? Lo dudaba mucho. Solamente le quedaba creer en la fidelidad de su Dios.

Efectivamente, Moisés cumplió la promesa que les hizo a los príncipes israelitas. Se presentó ante el Faraón y exigió que liberara a su pueblo. Pero, ¿qué consiguió? ¡Solamente que los oprimieran más y les aumentara el trabajo!

El pueblo fue a quejarse ante los líderes. Ellos volvieron al palacio y hablaron nuevamente con Faraón, advirtiéndole que si no dejaba ir a los israelitas, comenzarían una serie de plagas.

El rey siguió endureciendo su corazón. Una plaga tras

otra se sucedieron. Cada vez que estaban soportando alguna plaga, Faraón mandaba a llamar a Moisés y parecía que se arrepentía para dejar ir al pueblo. Pero ni bien cesaba la prueba, volvía a endurecerse.

Bezaleel observaba que las últimas plagas habían sido solamente para los egipcios, porque ellos, en Gosén, no tuvieron tábanos; no murió ninguno de sus animales; no hubo úlceras en los hombres ni en las bestias; las langostas devastaron Egipto, menos el lugar en que ellos moraban y, por último, toda la nación se cubrió de oscuridad, menos su tierra. ¿Cómo no podía entender Faraón que eso era obra de Jehová, el Dios de Israel?

Luego Moisés reunió a todo el pueblo y les dio la orden de separar un corderito de un año, sin defecto y tenerlo desde el diez de ese mes hasta el día catorce. Entonces tenían que matarlo, al anochecer, y untar con la sangre en ambos lados y en la parte superior de la puerta de la casa donde vivían. Esa misma noche tenían que asar la carne del corderito y comerla acompañada de hojas verdes y amargas, con pan sin levadura. Debían estar vestidos, listos para partir y no debían salir de sus viviendas hasta que Dios les diera la orden. Esa fiesta se llamaría la Pascua del SEÑOR.

Bezaleel, su familia y todo Israel hizo tal cual el SEÑOR les había ordenado por medio de Moisés. Esa medianoche, el ángel de Jehová, hirió de muerte a todos los primeros hijos varones de la tierra de Egipto, desde el hijo mayor del Faraón, hasta el hijo mayor del preso en el calabozo. Incluso mató a las primeras crías de todos sus animales.

El rey, sus funcionarios y todo el pueblo de Egipto se despertaron durante la noche y se oyó un lamento desgarrador por toda la tierra. No había ni una sola casa donde alguien no hubiera muerto.

Entonces el Faraón mandó a llamar a Moisés y Aarón y les ordenó a los gritos que se fueran. Todos los egipcios apresuraban al pueblo de Israel para que ellos salieran lo más rápido posible y estuvieron dispuestos a darles plata, oro, vestidos y todo lo que quisieran, con tal que se alejaran de su tierra.

Una gran caravana partió de Egipto aquella noche. Bezaleel contemplaba admirado cómo el SEÑOR iba delante de ellos y los guiaba durante el día mediante una columna de nube y por la noche les daba luz a través de una columna de fuego. Así viajaron de noche y de día hasta que se les ordenó acampar cerca del Mar Rojo.

Cuando se prestaban a descansar, vieron que se acercaban todas las fuerzas del ejército de Faraón: sus caballos, sus carros de guerra con sus conductores y sus tropas. Los israelitas se llenaron de pánico, pensando que los egipcios los alcanzaban. Entonces Moisés se levantó y los tranquilizó. "No tengan miedo. Sólo quédense y observen cómo el SEÑOR los rescatará hoy. Esos egipcios que ahora ven, jamás volverán a verlos. El SEÑOR mismo peleará por ustedes. Sólo quédense tranquilos".

Entonces el ángel de Dios, que iba al frente del pueblo de Israel, se trasladó hacia atrás del campamento. La columna de nube también se cambió de lugar y pasó a estar detrás de ellos. La nube se puso entre los egipcios y el campamento de los israelitas. Al atardecer, la nube se convirtió en fuego e iluminó la noche, de manera que los egipcios no se pudieron acercar a ellos en toda la noche.

Cuando llegaron al borde del Mar Rojo, Dios le ordenó a Moisés que extienda su mano sobre el mar y el SEÑOR abrió un camino a través de las aguas mediante un fuerte viento oriental. El viento sopló durante toda la noche y transformó el lecho del mar en tierra seca. Entonces el pueblo de Israel cruzó por el medio del mar, con muros de agua a cada lado.

Los egipcios persiguieron a los israelitas hasta el medio del mar. Cuando todo el pueblo de Israel había llegado al otro lado, y el sol empezaba a salir, Dios ordenó a Moisés que extendiera su mano hacia el mar y las aguas volvieron con fuerza a su estado normal. Los egipcios trataron de escapar, pero el SEÑOR los arrastró y el agua cubrió el ejército completo de Faraón. No sobrevivió ni uno de los egipcios.

Bezaleel observaba admirado los cadáveres a la orilla del mar. Cuando el pueblo se Israel vio el gran poder que el SEÑOR había desatado contra los egipcios, se llenaron de temor reverente delante de Él.

Entonces Moisés, y todo el pueblo entonaron un cántico de alabanza, mientras María, su hermana, se puso al frente de las mujeres danzando y cantando al SEÑOR.

Después de eso partieron camino al desierto. Varias veces el pueblo se desalentó y se quejaron. Pero Bezaleel comprobó la fidelidad del Señor, porque, no solamente los cubría del sol durante el día, con una nube, sino que también les daba calor con una columna de fuego durante la noche. Cuando tenían hambre, les enviaba pan del cielo y cuando tenían sed, les hacía salir agua de una roca. Así llegaron hasta el monte Sinaí, donde se detuvieron y Moisés subió a su cumbre por orden del SEÑOR.

Mientras esperaban el regreso de su líder, el pueblo se desalentaba. A Bezaleel le vino cierta nostalgia. ¡Qué podía hacer él en ese desierto! Añoraba tener algo para tallar, o esculpir, como lo había hecho en Egipto. Pero en medio de tanta arena, se sentía inútil. ¡Para colmo! El pueblo le había pedido a Aarón que les hiciera un dios y designara un capitán para volverse a Egipto. Este pueblo tan rebelde, ¿pensaba siquiera lo que estaba pidiendo? ¡Volver a Egipto! ¡Volver a la esclavitud! ¿Cómo creen que serían recibidos?

Para su sorpresa, Bezaleel vio con estupor que Aarón les construyó un becerro, similar al dios egipcio, y todo el pueblo comenzó una gran fiesta alrededor del ídolo. ¡No solamente lo adoraban! Sino que decían que ese animal sin vida los había sacado de Egipto.

En medio de las danzas, se escuchó la voz de Moisés. ¡Acababa de bajar del monte! El pueblo hizo silencio y se escuchó el crujir de las piedras que traía Moisés en sus manos, que se hicieron añicos en el suelo. Después se lo vio discutir con su hermano Aarón y ordenó a la tribu de Leví que saliera por el campamento y matara a todos los que estuvieran adorando a ese falso dios.

Inmediatamente, el SEÑOR envió una terrible plaga sobre ellos, porque habían rendido culto al becerro que hizo Aarón y los amenazó con apartarse de ellos.

Cuando los israelitas oyeron estas palabras tan duras, hicieron duelo y dejaron de usar joyas y ropa fina.

Moisés había armado una carpa de reunión a cierta distancia del campamento. Allí Dios le daba las órdenes y también toda persona que quería hacer alguna petición al SEÑOR se dirigía a ese lugar.

Cierto día, un tiempo después, cuando recién amanecía, Moisés salió de dicha carpa con dos tablas similares a las que había roto al bajar del monte y volvió a escalarlo. ¡Seguramente Dios se lo había ordenado!

Bezaleel esperaba ansioso el regreso de su líder. Cuando éste volvió, reunió a todo el pueblo y les transmitió las leyes que el SEÑOR le había dado. Hizo mucho hincapié en que no debían adorar a ningún otro dios fuera de Él. "Creo que después de lo que pasó hace poco, a nadie le quedará ganas de volver a hacerlo", pensó Bezaleel.

Luego Moisés le dijo a toda la comunidad de Israel que trajeran ofrendas para construir un tabernáculo donde Dios mismo descendería para habitar en medio de ellos.

Con gran asombro el joven artesano vio el gran desfile de personas que con corazón dispuesto traían toda clase de ofrendas para consagrarlas al SEÑOR.

Moisés convocó a todo el pueblo y les dijo: "El SEÑOR ha escogido específicamente a Bezaleel, de la tribu de Judá. Lo ha llenado del Espíritu de Dios y le ha dado sabiduría, capacidad y destreza en toda clase de artes manuales y oficios".

Cuando Bezaleel escuchó esto, casi se quedó sin aliento. ¡Moisés lo nombraba a él!

"Él es un maestro artesano –prosiguió el líder– experto en trabajar el oro, la plata y el bronce. Es hábil en grabar, en incrustar piedras preciosas y en tallar madera. ¡Es un maestro en todo trabajo artístico! El SEÑOR le ha dado tanto a él como a Aholiab, de la tribu de Dan, la capacidad de enseñar a otros sus habilidades técnicas. También los ha dotado de un talento especial en el arte de grabar, de diseñar, de tejer y bordar en hilo azul, púrpura y escarlata de lino fino. Ellos se destacan como artesanos y diseñadores. El SEÑOR los ha dotado de la habilidad necesaria para realizar todas las tareas relacionadas con la construcción del santuario".

Así que Moisés mandó a llamar a Bezaleel y Aholiab y otros a quienes el Señor había dotado de modo especial. Todos estaban ansiosos de ponerse a trabajar. Les entregaron los materiales que el pueblo de Israel había donado como ofrendas sagradas para completar la construcción del santuario.

Trajeron tantas ofrendas que le tuvieron que decir a Moisés que ya no necesitaban más porque sus contribuciones eran más que suficientes para completar todo el proyecto.

Sin demora, Bezaleel y Aholiab, con la colaboración de los hábiles artesanos se dedicaron de lleno a la tarea encomendada, fabricando cada altar, mueble o cortina para el santuario, además de las túnicas o vestiduras para el sumo sacerdote y sus hijos. Moisés les indicaba el modelo que Dios le había mostrado en el monte Sinaí y ellos lo realizaban tal cual, con todos los detalles.

Mientras trabajaba al lado de sus compañeros, Bezaleel pensaba: "¡Y yo que creía que en este desierto no podría hacer nada útil para el Señor!". Su corazón desbordaba de alegría. Todo lo que sufrió en Egipto trabajando para el Faraón ahora rendía sus resultados. Cada uno de los trabajadores ponía todo su empeño en los detalles. ¡Debía hacerse todo según las instrucciones recibidas!

Al terminar la tarea encomendada, Moisés revisó el trabajo y verificó que todo se había llevado a cabo tal como el

SEÑOR le había ordenado. Entonces los bendijo y les fue indicando cómo debían armar el tabernáculo.

Cuando todo estuvo en su justo lugar, una nube cubrió el santuario y la gloria del SEÑOR lo llenó, de tal modo que ni Moisés podía entrar en él.

Luego el líder del pueblo procedió a consagrar a su hermano Aarón como sumo sacerdote y a sus hijos como sacerdotes, para que fueran ellos los que ofrecieran los sacrificios en el altar del holocausto. La ceremonia duró una semana, al final de la cual, Aarón, ya vestido con su túnica bordada en oro, luciendo el pectoral con piedras preciosas engastadas en oro y con la mitra en su cabeza con la diadema santa, salió del tabernáculo, levantó las manos hacia el pueblo y lo bendijo. Después presentó las ofrendas, bajó del altar y entró, junto con su hermano Moisés, nuevamente en el tabernáculo. Cuando salieron, volvieron a bendecir al pueblo, y la gloria del SEÑOR apareció ante toda la comunidad.

Un fuego ardiente salió de la presencia del SEÑOR y consumió la ofrenda que estaba sobre el altar. Bezaleel, Aholiab, los artesanos y todos los demás israelitas, cuando vieron aquello, gritaron de alegría y se postraron rostro en tierra (Levítico 9:22-24).

¡El SEÑOR había aprobado el trabajo realizado!

. . . .

Cuando estudiaba el tabernáculo y el libro de Levítico, me llamaron mucho la atención estos dos personajes: Bezaleel y Aholiab. Primero, porque sus nombres no son muy conocidos; y segundo, porque uno era de la tribu de Judá, la más numerosa y guerrera (la que iba a la vanguardia en su peregrinaje por el desierto) y el otro, de la tribu de Dan (la rezagada, la que no estaba dispuesta a sufrir demasiado. Era la formación que avanzaba por las arenas calientes a la retaguardia con los ancianos y los niños que no podían seguir el ritmo de las demás tribus). O sea, era la tribu más débil. Los amalecitas aprovecharon la situación para atacar a Israel.

Esto nos demuestra que el Señor no mira de qué cuna o rango venimos. Solamente le importa que nuestro corazón esté dispuesto a servirle. Por eso eligió a estos dos hombres. El testimonio que se menciona de ellos es hermoso: "Los he llenado de mi Espíritu y les he dado gran sabiduría, capacidad y destreza en toda clase de artes manuales y oficios". A ambos los había dotado de grandes talentos. Pero ellos supieron responderle con fidelidad. Tuvieron el privilegio, pero a la vez, la gran responsabilidad de hacer el mobiliario para el santuario donde el SEÑOR mismo iba a habitar en medio de ellos. ¡Qué privilegio!

Estoy segura que cuando ellos aprendieron sus oficios y trabajaron en Egipto, nunca imaginaron que llegarían a tener semejante privilegio.

Algo similar sucede con nosotros. El SEÑOR nos da talentos especiales a cada uno. Como dice la parábola de Mateo 25: "A cada uno según su capacidad" (v. 15). Esas habilidades nos sirven para ganarnos nuestro sostén. A veces también tenemos la posibilidad de perfeccionarlas estudiando alguna carrera universitaria. Pero nuestro deber es multiplicarlas para servir mejor al SEÑOR.

No debemos confundir "talentos", o capacidades naturales, con "dones espirituales", los cuales son repartidos por el Espíritu Santo. Los dones solamente se pueden usar para bendición de nuestros hermanos y para gloria de Dios (1 Pedro 4:10). En cambio los talentos podemos usarlos para nuestro beneficio.

Bezaleel y Aholiab aprendieron sus oficios, usando sus talentos naturales, en el país de Egipto, donde nacieron, pero luego Dios los utilizó para construir su santuario en el desierto.

Egipto, en la Biblia, siempre es figura del "mundo", con su sistema. Todos nuestros talentos los hemos adquirido y perfeccionado en el mundo (Egipto). Pero al igual que estos dos hombres de Dios, tenemos el privilegio de ponerlos a su servicio. ¡Qué privilegio!

No hay ninguna capacidad natural que el SEÑOR no pueda utilizar. En Éxodo 35:20-29, se mencionan muchos elementos con los que el pueblo contribuyó como ofrenda. Entre ellos había "mujeres sabias de corazón que hilaban con sus manos". Simplemente tejían. ¿Qué mujer no es capaz de eso? O quizá, sabe coser o cocinar, posee voz entonada, sabe tocar un instrumento, etc. Hay hombres que son albañiles, carpinteros, electricistas, pintores, etc. ¡Y cuánto bien hacen en las iglesias esos hermanos!

¿Nos damos cuenta que no hay nadie que escape a esta responsabilidad? El SEÑOR quiere, simplemente, que pongamos esas capacidades en sus manos y Él se encargará de obrar maravillas.

También quisiera alentar a todos aquellos que puedan perfeccionarse a través de una carrera, que lo hagan sin dudar. Estoy segura que Dios, no solamente los va a utilizar, sino que podrán ser más útiles en la obra del Señor. Siempre ponemos como ejemplo al apóstol Pablo. ¿Por qué Dios lo eligió? Era el único, de todos los apóstoles, que tenía la preparación suficiente para llevar el evangelio delante de los reyes, gobernantes y los que estaban en eminencia. A los demás apóstoles el Señor los utilizó en distintas áreas, pero hacía falta alguien con la erudición de Pablo para llegar a ciertos ámbitos de gobierno, donde también era necesario entregar el mensaje del evangelio.

¡Pongamos nuestros talentos a su servicio! ¡Perfeccionémonos si es posible! Y será maravilloso, cuando lleguemos a la presencia del Señor escuchar de su boca: "Bien, buen siervo y fiel".

¡Seguramente Bezaleel y Aholiab ya escucharon esa frase de parte del Señor!

II

LA REINA DE SABA, vino por curiosidad y volvió enriquecida

Lectura: 1 Reyes 10:1-13; 2 Crónicas 9:1-12.

Con cada caravana que venía de Siria, Babilonia o Palestina, la reina de Saba escuchaba las noticias que provenían de Israel. Allí estaba gobernando un rey llamado Salomón, el cual era exaltado cada día más por su riqueza, y especialmente por su sabiduría. El comentario general era que nunca habían escuchado a alguien con tanta sabiduría. ¿Cuánto de cierto había en esto? Muchas veces ella había oído de la fama de algún rey, pero al poco tiempo, había perdido interés. En cambio, de Salomón, cada vez escuchaba algo más extraordinario.

La intriga comenzó a carcomerla por dentro. Ella contaba en su palacio con funcionarios muy sabios, pero había ciertas preguntas, especialmente las referidas a los dioses, que no la satisfacían. ¿Podría aquel rey revelarle sus incógnitas? Las dudas se acumulaban en su mente: "¡Queda tan lejos Palestina! Si hago semejante viaje y me defrauda… Es demasiado riesgo…" Pero luego meditaba: "¿Y si realmente puede contestar las preguntas que tanto me inquietan?".

Pasaron unos días más y se decidió: "¡Iré a ver al rey Salomón…! Espero que no sea en vano".

Ordenó que prepararan una caravana con camellos cargados con especias, grandes cantidades de oro y piedras preciosas. No quería que aquel rey pensara que era una pobrecita reina. ¡Le llevaría algo digno de su persona!

Cuando todo estuvo listo, subió a la carroza preparada especialmente para ella, cubierta con suaves gasas que ondulaban ante la mínima brisa.

El viaje era muy largo y agobiante. El calor del desierto los obligaba a parar repetidas veces para abastecerse de agua y comestibles. Ella era la reina. Por lo tanto, todos sus sirvientes trataban de complacerla ante cada orden que les impartía. Aún así, tenía que soportar la incomodidad propia de esa carroza, que a pesar de ser tan especial, a los pocos días, se convirtió en un martirio. ¡No tenía dónde bañarse en leche de cabra como era su costumbre! Había llevado sus doncellas que la peinaban y le ponían toda clase de cremas y perfumes. Pero todo eso no era suficiente. ¡El calor del desierto y la incomodidad del viaje se hacían cada vez más pesados!

¡Por fin llegaron a Jerusalén! Fue recibida con todos los honores de lo que era: una reina. Se quedó estupefacta al ver el palacio que había construido aquel rey. ¡Evidentemente tenía riquezas inmensas! ¡Las escalinatas eran de mármol! ¡Los salones donde la conducían eran a cual más espléndido! ¡La ropa de los sirvientes era extraordinaria! No le alcanzaban los ojos para admirar tanta riqueza. ¡Nunca había visto algo semejante!

La condujeron hasta la presencia de Salomón, que inmediatamente que la vio, se levantó de su trono para recibirla con los honores que merecía. Ella dejó que besara su mano y se hincara ante su presencia, como era costumbre, pero no podía apartar sus ojos de semejante trono. ¡Era de oro puro, con incrustaciones de marfil!

Cuando pasó todo el protocolo del palacio, recordó el motivo de su visita: No sólo fue para comprobar si era cierto la fama de las riquezas de aquel reino, que evidentemente no era ni la mitad de lo que había escuchado, sino que quería que Salomón sacara las dudas que había en su mente y corazón.

Mientras el rey la conducía a sus aposentos para que descansara, comenzó a hacerle preguntas. Después de conversar apenas unos momentos, comprobó que la sabiduría de Salomón, excedía en mucho lo que ella había escuchado. El rey tenía respuestas para todas sus preguntas; nada le resultaba difícil de explicar.

Después de bañarse, se hizo vestir con las mejores galas que había llevado. ¡Debía estar acorde con semejante corte! Antes de la comida, fue conducida al Templo donde pudo presenciar las ofrendas que Salomón dedicaba a su Dios. ¡Era tan distinta esa ceremonia a lo que ella estaba acostumbrada en su tierra! Se percibía el temor reverente con que se ofrecían los sacrificios. Aquel Dios era alguien personal y cercano, no como los que ella adoraba, que únicamente recibían las ofrendas, pero nunca satisfacían su sed espiritual.

Desde el Templo se dirigieron al comedor del palacio, donde ya estaba servida parte de la comida. La reina quedó atónita. No solamente por la comida que se servía, sino por la forma en que estaban organizados sus funcionarios, la ropa espléndida que usaban, por la vajilla que le presentaban y la manera de servir de los coperos.

A ella la habían ubicado en un puesto de honor al lado del rey. Tuvo oportunidad de seguir preguntando para sacar sus dudas. Al cabo de un rato, exclamó:

—¡Todo lo que oí en mi país acerca de tus logros y de tu sabiduría es cierto! Yo no creía lo que se dijo hasta que llegué aquí y lo vi con mis propios ojos. De hecho, ¡lo que había oído no refleja ni la mitad de lo que veo! Tu sabiduría y prosperidad superan ampliamente lo que me habían dicho. ¡Qué feliz debe estar tu pueblo! ¡Qué privilegio para tus funcionarios estar aquí en tu presencia día tras día, escuchando tu sabiduría! Alabado sea el SEÑOR tu Dios, quien se deleita en ti y te ha puesto en el trono de Israel. Debido a su amor eterno, Él te ha hecho rey para que puedas gobernar con justicia y rectitud.

Salomón sonrió complacido:

—Ni bien mi padre me heredó el trono —comenzó a contarle a la reina—, fui hasta Gabaón, donde se ofrecían los sacrificios, porque todavía no había podido construir el Templo que David mi padre me había encargado que hiciera. Mientras estaba allí, una noche se me apareció el SEÑOR en un sueño y me dijo que le pidiera lo que quisiera. Yo me sentía muy pequeño para gobernar una nación tan grande y numerosa, así que le pedí que me diera un corazón comprensivo para que pudiera gobernar bien a su pueblo, para que sepa la diferencia entre el bien y el mal.

Al SEÑOR le agradó lo que le pedí, así que me respondió que como había pedido sabiduría para gobernar a mi pueblo con justicia. Y como no pedí una larga vida, ni riqueza, ni la muerte de mis enemigos, no solamente me concedió un corazón sabio y comprensivo como nadie nunca tuvo ni jamás tendrá, sino que, además, me dio lo que no había pedido: riquezas y fama. Ningún otro rey del mundo se compararía a mí por el resto de mi vida –y bajando un poco el rostro, tímidamente, agregó–: Y me dijo que si le seguía y obedecía sus decretos y mandamientos, como lo había hecho mi padre David, también me daría larga vida. Cuando desperté y me di cuenta que el mismo SEÑOR había estado conmigo, me presenté delante del arca del pacto y le dediqué ofrendas quemadas y ofrendas de paz. Luego invité a todos mis funcionarios e hice un gran banquete.

La reina lo miraba admirada. ¡Qué hermoso tener un Dios así! Ella se dio cuenta que ese era el único Dios verdadero, alguien digno de adoración. Desde ahora en adelante, ya no adoraría a nadie más. ¡Por fin había encontrado lo que había buscado toda su vida! Aquel Dios cercano, que no solamente escuchaba las peticiones que le hacían, sino que contestaba más abundantemente de lo que le pedían. Sintió un gozo muy dulce en todo su ser.

Antes de partir hacia su tierra, la reina de Saba le regaló a Salomón cuatro mil kilos de oro, grandes cantidades de especias y de piedras preciosas. Nunca más entraron tantas especias en el reino.

El rey Salomón le dio todo lo que ella pidió, además de todos los regalos de costumbre que ya le había entregado con tanta generosidad.

Luego ella y todos sus acompañantes regresaron a su tierra.

El viaje ya no se le hizo pesado, a pesar de subsistir el calor agobiante. Estaba tan gozosa que nada le importaba. Había ido a comprobar si era cierto lo que decían de Salomón y volvía más satisfecha de lo que nunca hubiera imaginado.

. . . .

En Hechos 8, vemos que el etíope que venía leyendo al profeta Isaías, sin entender lo que decía, regresaba de Jerusalén donde había ido a adorar. El SEÑOR le mandó a Felipe para que le explicara el pasaje que leía y de esa manera él creyó, a tal punto que pidió también que Felipe lo bautizara. Ese etíope venía del reino de Candace, que coincide con el lugar de nuestro relato. Quiere decir que la reina de Saba llevó la convicción de que el Dios de Israel era el verdadero Dios y lo transmitió a su pueblo. También leemos en Salmos 68:31, RVR60: "Vendrán príncipes de Egipto; Etiopía se apresurará a extender sus manos hacia Dios".

Y cuando el Señor Jesucristo la menciona, en Mateo 12:42 (También en Lucas 11:31, que es un pasaje paralelo), dice: "La reina de Saba también se levantará contra esta generación el día del juicio y la condenará, porque vino de una tierra lejana para oír la sabiduría de Salomón. Ahora alguien superior a Salomón está aquí, pero ustedes se niegan a escuchar".

Les estaba hablando la misma sabiduría personificada en Jesús pero los maestros de la ley y los fariseos se acercaban a él sólo para tentarle o para probarlo, sin advertir a Quién realmente tenían ante sus ojos.

Nosotros nos admiramos de la incredulidad de los escribas, fariseos o maestros de la ley del tiempo de Cristo, pero nosotros no somos muchas veces muy distintos a ellos. Tenemos a nuestro alcance la Biblia completa, o sea, la revelación total de la sabiduría de Dios, y sin embargo, no la tomamos con la reverencia y seriedad que ella se merece.

La reina de Saba tuvo que hacer un viaje muy largo y penoso para saciar su curiosidad, pero no solamente salió satisfecha, sino admirada de todo lo que vio y oyó en el palacio de Salomón. Nosotros no tenemos que hacer ningún sacrificio para leer y conocer la sabiduría de las Sagradas Escrituras. Las tenemos al alcance de la mano. Y sin embargo, ¡qué poco aprovechamos semejante privilegio!

Cuántas veces vamos a ella simplemente para satisfacer nuestra curiosidad, o para verificar algún dato que hemos escuchado, y cuando indagamos en sus páginas y estudiamos su contenido, siempre salimos más que satisfechos y rebosando gratitud hacia Aquel que nos dejó semejante tesoro. ¡Hay tantas cosas maravillosas en ese Libro bendito que, no sólo nos satisface estudiarlo, sino también nos ayuda a vivir una vida llena de gozo como el Señor desea que tengamos!

En Juan 7:38 nos dice el mismo Señor Jesucristo: «*¡Que todo el que tenga sed venga a mí y beba! Pues las Escrituras declaran: "Ríos de agua viva brotarán del corazón de todo el que crea en mí"*». Si vamos a Él y a su Palabra, nuestra vida rebosará de esa AGUA VIVA y se derramará a nuestro alrededor, bendiciendo aún a los que nos rodean.

¡Ojalá valoremos más ese tesoro tan grande que tenemos! ¡Que cada día vayamos con ansias a beber de su sabiduría! No nos conformemos con un pequeño devocional o una lectura diaria para aplacar nuestra conciencia. Estudiemos, indaguemos y "escudriñemos" sus páginas y obtendremos tanta riqueza, que nos servirá a nosotros y también a los que estén en nuestro entorno.

Cuando lo pongamos en práctica, conoceremos "por añadidura" a su AUTOR y les aseguro que ¡nunca seremos defraudados!

12

Micaía, adoraba a Dios a su manera

Lectura: Jueces 17 y 18.

En la zona montañosa de Efraín vivía, junto a su familia, un hombre llamado Micaía. Un tiempo atrás, atraído por un dinero que tenía su madre, se lo sustrajo y lo guardó pensando darle un buen uso más adelante. Pero su progenitora profirió una maldición contra el que le había robado las piezas de plata y eso comenzó a carcomer la conciencia de Micaía. Ya no era lo mismo. La maldición de su madre le caería a él y eso podría causarle la pérdida de su salud, de algún hijo, o incluso su propia muerte. Se asustó ante esa posibilidad. No soportando la situación, un día se dirigió a su madre y le dijo:

—Te oí maldecir a la persona que te robó mil cien piezas de plata —le confesó—. Bueno, yo tengo el dinero, fui yo el que lo tomó.

Cambió notablemente el semblante materno.

–El SEÑOR te bendiga por haberlo admitido –le dijo cariñosamente. ¡Menos mal que las piezas de plata las tenía su propio hijo! Si el ladrón hubiera sido otro, seguramente lo habría castigado severamente.

Cuando Micaía le devolvió lo robado, a la madre se le ocurrió una brillante idea; "Voy a consagrar estas monedas de plata al SEÑOR. En honor a mi hijo, haré tallar una imagen y fundir un ídolo".

Inmediatamente tomó doscientas monedas de plata y se las llevó a un platero para que con ese metal hiciera una imagen y un ídolo.

Cuando el platero realizó lo solicitado, Micaía se dedicó a construir un santuario para los ídolos nuevos y los que ya tenían en la casa. Pero no se quedó con eso solamente, hizo un efod sagrado, igual a los que usaban los sacerdotes en el tabernáculo y nombró a uno de sus hijos como sacerdote personal.

Se sintió satisfecho ante la tarea realizada. ¡Ahora tendría un santuario en su propio hogar! Y podría pedir la bendición de Dios sin tener que trasladarse hasta Silo, donde se encontraba el tabernáculo.

A diario su hijo ofrecía algún sacrificio a los ídolos. Su familia también participaba en la celebración.

"Cierto día llegó a la región un joven levita que vivía en Belén de Judá. Había salido de Belén en busca de otro lugar donde vivir debido a que el pueblo ya no ofrendaba y necesitaba subsistir. Mientras viajaba, llegó a la zona montañosa de Efraín y, por casualidad, se detuvo en la casa de Micaía.

–¿De dónde vienes? –le preguntó Micaía.

Él contestó:

—Soy un levita de Belén de Judá, y busco un lugar para vivir.

A Micaía se le iluminó el rostro. Seguramente Dios le había mandado esa ayuda que necesitaba.

—Quédate aquí, conmigo —le dijo Micaía—, y podrás ser un padre y sacerdote para mí" (Jueces 17:7-9).

Luego agregó:

—Hice un altar y tengo los ídolos, pero como no tenía quién ofreciera los sacrificios, por el momento lo hace uno de mis hijos, pero si te quedas conmigo podrás hacerlo tú que estás más capacitado. Además eres de la tribu que realiza estas tareas en el tabernáculo.

—Pero no soy de la línea de Aarón, del cual provienen los sacerdotes —comenzó a disculparse el levita.

—Te daré diez piezas de plata al año —trató de convencerlo Micaía—. Además, te daré una muda de ropa y tendrás comida todos los días —concluyó su propuesta y quedó expectante.

El joven levita no dudó un instante.

—Acepto —le dijo aliviado.

¡Una oportunidad así no se le presentaría todos los días! Mas en ese momento, cuando el pueblo hacía lo que bien le parecía porque no tenían un gobernante que los dirigiera.

De esa manera pasó a ser como uno de los hijos de Micaía. Al poco tiempo, éste lo nombró su sacerdote personal, y todos sus vecinos venían a adorar a Dios en el santuario que él había construido.

—Ahora sé que el SEÑOR me bendecirá —pensó Micaía—, porque tengo un levita como sacerdote en mi hogar.

En esos días, Israel no tenía rey. Y la tribu de Dan

buscaba un lugar dónde establecerse, porque aún no había entrado en el territorio que se le había asignado cuando se hizo la división de la tierra entre las tribus de Israel. Así que los hombres de Dan escogieron de entre sus clanes a cinco guerreros competentes de las ciudades de Zora y Estaol para que exploraran algún territorio donde la tribu pudiera establecerse.

Cuando los guerreros llegaron a la zona montañosa de Efraín, entraron en la casa de Micaía y allí pasaron la noche.

Estando en la casa de Micaía, reconocieron el acento del joven levita.

[Era evidente que no era de esa zona]. Así que se le acercaron y le preguntaron:

–¿Quién te trajo aquí? ¿Qué haces en este lugar? ¿Por qué estás aquí?

Él les contó de su acuerdo con Micaía, quien lo había contratado como su sacerdote personal.

[Ellos se alegraron ante la noticia y consultaron ansiosos].

–Pregúntale a Dios si nuestro viaje tendrá éxito.

–Vayan en paz –respondió el sacerdote [con suficiencia, sin consultar a nadie]–, porque el SEÑOR estará vigilando el camino por donde van.

Así que los cinco hombres siguieron hasta la ciudad de Lais, donde vieron que los habitantes llevaban una vida despreocupada, igual que los sidonios; eran pacíficos y vivían seguros. También eran ricos, porque su tierra era muy fértil. Además, vivían a gran distancia de Sidón y no tenían ningún aliado cerca.

Cuando los hombres regresaron a Zora y a Estaol, sus parientes les preguntaron:

–¿Qué encontraron?

Los hombres [satisfechos de su descubrimiento], les contestaron:

–¡Vamos, ataquémoslos! Hemos visto la tierra, y es muy buena. ¿Qué esperan? No duden en ir y tomar posesión de ella. Cuando lleguen, verán que los habitantes llevan una vida despreocupada. Dios nos ha dado un territorio espacioso y fértil, ¡que no carece de nada!

Entonces seiscientos hombres de la tribu de Dan salieron de Zora y Estaol armados para la guerra. [Acamparon en un lugar de Judá]. Desde allí siguieron hasta la zona montañosa de Efraín y llegaron a la casa de Micaía.

Los cinco hombres que habían explorado la tierra alrededor de Lais les explicaron a los demás: «En una de estas casas hay un efod sagrado, algunos ídolos de familia, una imagen tallada y un ídolo fundido. ¿Qué les parece que deberíamos hacer?».

Entonces los cinco hombres se desviaron del camino y fueron hasta la casa de Micaía, donde vivía el joven levita y lo saludaron amablemente. Mientras los seiscientos guerreros armados de la tribu de Dan vigilaban la entrada de la puerta, los cinco espías entraron al santuario y tomaron la imagen tallada, el efod sagrado, los ídolos de familia y el ídolo fundido. Ahora bien, el sacerdote también estaba en la puerta con los guerreros armados.

Cuando el sacerdote vio que los hombres se llevaban todos los objetos sagrados del santuario de Micaía, les dijo [asustado]:

–¿Qué hacen?

–Cállate y ven con nosotros –le dijeron–. Sé un padre

y sacerdote para todos nosotros. ¿Acaso no es mejor ser el sacerdote de toda una tribu y un clan de Israel, que de la casa de un solo hombre?

Entonces el joven sacerdote estuvo más que dispuesto a ir con ellos, y se llevó consigo el efod sagrado, los ídolos de familia y la imagen tallada. El grupo dio la vuelta y siguió su viaje con sus hijos, el ganado y las posesiones al frente.

Cuando los de la tribu de Dan estaban ya bastante lejos de la casa de Micaía, los vecinos de Micaía salieron a perseguirlos. Estaban gritando cuando los alcanzaron. Entonces los hombres de Dan se dieron vuelta y le dijeron a Micaía:

–¿Qué te pasa? ¿Por qué has reunido a estos hombres y nos persigues de esta forma?

–¿Cómo me preguntan: "Qué me pasa?" –contestó Micaía–. ¡Ustedes se han llevado todos los dioses que yo hice y a mi sacerdote, y no me queda nada! [Estaba al borde de la histeria].

Los hombres de Dan le dijeron:

–¡Ten cuidado con lo que dices! Por aquí hay unos hombres de mal genio que podrían enojarse y matarte a ti y a tu familia.

Así que los hombres de Dan siguieron su camino. Cuando Micaía vio que eran demasiados para atacarlos, dio la vuelta y regresó a su casa.

Luego los hombres de Dan, con los ídolos de Micaía y su sacerdote, llegaron a la ciudad de Lais, donde los habitantes eran pacíficos y vivían seguros. Entonces los atacaron con espadas y quemaron la ciudad hasta reducirla a cenizas. No hubo quién rescatara a los habitantes porque vivían a gran distancia de Sidón y no tenían aliados cerca…

Después la gente de la tribu de Dan reconstruyó la ciudad para vivir allí y le cambiaron el nombre. La llamaron Dan en honor a su antepasado, el hijo de Israel, aunque originalmente la ciudad se llamaba Lais.

Luego colocaron la imagen tallada y nombraron como sacerdote a Jonatán, hijo de Gersón, hijo de Moisés. Los miembros de esta familia continuaron siendo sacerdotes para la tribu de Dan hasta el tiempo del Destierro.

Así que la tribu de Dan rindió culto a la imagen tallada de Micaía todo el tiempo que el tabernáculo de Dios permaneció en Silo (Jueces 18).

Cuando leo esta historia siempre salta a mi vista la frase: "En ese tiempo no había rey en Israel y cada uno hacía lo que bien le parecía". Creo que estamos viviendo una situación muy similar en nuestros días. Aunque tenemos un "rey" (el Señor), no lo reconocemos como tal y eso nos lleva a interpretar las Escrituras a nuestro parecer.

Lo primero que quiero destacar es la actitud de la madre de Micaía. Cuando se enteró que su hijo le había robado el dinero, le dijo: "¡El SEÑOR te bendiga!". Un poco más y le decía: "¡Te felicito por haberme robado!". Además Micaía reconoce que ella había "maldecido" por esa causa. No quiero imaginarme las palabras que utilizó. Con un ejemplo de madre así, ¿qué podemos esperar de su hijo?

En ese tiempo el tabernáculo de Dios se encontraba en Silo. Y aunque sabemos por el libro de Samuel que los sacerdotes eran los hijos de Elí, cuyo testimonio era pésimo;

eso no era pretexto para ir a adorar al único lugar donde el SEÑOR lo había determinado: el altar del holocausto que se encontraba allí.

¡Claro!, pero Silo estaba lejos de Efraín donde vivía Micaía. Era difícil y pesado ir hasta allí. Mucho mejor era hacerlo en su casa, cómodamente. Y para peor, lo hacía a través de una imagen, ¡de un ídolo! Cuando Dios había dicho claramente que para Él cualquier idolatría era una abominación. O sea, algo que le producía "ganas de vomitar", según uno de los significados de esa palabra.

Cuando llegó el levita, para él estaba todo solucionado, porque desde ese momento, ya tenía hasta "sacerdote en casa". Por eso, cuando los danitas le llevaron todo, se sintió perdido. ¡No le quedó nada para seguir "adorando a Dios"!

¡Este relato es tremendo en todo sentido! Pero comparado con nuestros días, hay muchas similitudes.

¿Qué está diciendo esta mujer? Se preguntarán muchos. Déjenme explicar a qué me refiero.

No sé si a ustedes les habrá pasado, pero a mí sí. Me encuentro a veces con hermanos o hermanas que hace mucho tiempo que no los veo en la congregación y al preguntarles qué les pasa, me contestan: "Yo tengo comunión con el SEÑOR a mi manera. Leo la Biblia y oro en mi casa. ¿Qué diferencia hay con ir a la iglesia? Si de todas formas, a Dios se lo adora en espíritu y en verdad". O bien, "yo tengo comunión con el Señor a mi manera, si de todas formas, ir a la iglesia no te hace más santo". Ustedes pueden agregar las frases que quieran. Creo que entienden lo que quiero decir.

Al Señor se lo adora de una sola manera: Cumpliendo y obedeciendo su Palabra. Ella nos dice con toda claridad que todos los hijos de Dios somos "un cuerpo" y, por lo tanto, nadie puede separarse, porque está mutilando ese cuerpo.

Pero en este tiempo, lamentablemente, siempre hay algún pretexto convincente para justificar cada mala actitud de nuestra parte. No solamente me refiero a no congregarnos, sino también a ciertos "permisos" que nos adjudicamos. Y lo que es peor, ¡siempre respaldado con un texto de las Escrituras! Sacado de su contexto, por supuesto.

Y una actitud lleva a la otra. Micaía llegó a robarle a su propia madre, y no le pareció algo tan malo (debemos reconocer que no tuvo un buen ejemplo tampoco).

La causa es muy simple. Lo dice 1 Samuel 3:1: "los mensajes del Señor eran muy escasos", O, como dice la versión Reina Valera: "En esos días la Palabra del Señor escaseaba". En nuestros días no podemos decir que la Palabra de Dios "escasea" porque tenemos Biblias en todas las versiones, literatura, mensajes de radio, televisión, cursos por Internet, etc.

El problema no es que no haya medios suficientes, sino que no recurrimos a la Palabra con el firme propósito de obedecerla. Siempre algo se interpone. Ya se llame trabajo, deporte, entretenimiento, etc. Todo muy lícito, pero que va minando nuestra mente y corazón hasta que ya no vemos tan mal ciertas cosas que sabemos que no deben ser así.

Muchas veces ponemos el pretexto de no tener buenos ejemplos. Ese hubiera sido el pretexto ideal de Micaía. ¡Y tenía razón! Pero en la Biblia vemos historias como la de Josías, que tuvo un padre y un abuelo, a cual más impío; y sin embargo, él fue un ejemplo maravilloso. A tal punto, que por él Dios retrasó por más de cien años el castigo que había previsto para su pueblo Israel: la deportación a Babilonia.

Mi ferviente deseo es que este mensaje llegue a algún corazón que se está enfriando de las cosas espirituales. ¡Tengan cuidado! La sutileza del enemigo es tan grande que nos hace creer que tenemos razón. Volvamos a las Escrituras con un corazón dispuesto y con el único deseo de obedecerla y evitaremos deslizarnos. Cuando nos deslizamos, aunque sea levemente, la caída es inevitable y siempre las consecuencias son tremendas.

¡Ojalá estas palabras cumplan el propósito que el Señor puso en mi corazón!

13

Nadab y Abiú, consumidos por desobedecer un mandato

Lectura: Éxodo 19; 24; 39:27-29; Levítico 8 al 10.

Después que los israelitas salieron de Egipto, exactamente dos meses después, llegaron al pie del monte Sinaí y acamparon allí.

El SEÑOR llamó a Moisés para que se presente delante de Él en la cumbre del monte. Allí le dio instrucciones precisas de todo lo que el pueblo tenía que hacer para acercarse a Él. Cuando Moisés bajó, transmitió todas las palabras que había escuchado de parte de Dios y el pueblo estuvo de acuerdo en obedecerlas. Luego consagró a la gente para la adoración y ellos lavaron sus ropas.

En la mañana del tercer día, Moisés llevó a la multitud fuera del campamento para que se encontrara con Dios. Todos se pararon al pie de la montaña. El monte Sinaí estaba totalmente cubierto de humo, porque el SEÑOR había descendido sobre él en forma de fuego. Nubes de humo subían al cielo como el humo que sale de un horno de ladrillos, y todo el monte se sacudía violentamente. Un sonido de cuerno de carnero se repetía cada vez más fuerte. Era la voz de Dios hablando con Moisés. El SEÑOR lo llamó nuevamente a la cima de la montaña y allí volvió a darle instrucciones y mandamientos. Luego Moisés descendió y le comunicó a los ancianos del pueblo lo que el SEÑOR le había ordenado.

Cuando los israelitas oyeron los truenos y el toque fuerte del cuerno de carnero y vieron los destellos de relámpagos y el humo que salía del monte, se mantuvieron a distancia, temblando de miedo y le expresaron a Moisés:

—¡Háblanos tú y te escucharemos, pero que no nos hable Dios directamente, porque moriremos!

—¡No tengan miedo! —respondió Moisés—, porque Dios ha venido de esta manera para ponerlos a prueba y para que su temor hacia Él les impida pecar.

Nadab y Abiú presenciaban todo con admiración. Su tío Moisés se acercó a ellos y les dijo:

—Dios me ha mandado que vuestro padre Aarón, ustedes y setenta de los ancianos de Israel vayamos a encontrarnos con Él.

Ellos obedecieron y observaron toda la ceremonia de las ofrendas que Moisés hizo sacrificar. Luego vieron cómo salpicó la sangre sobre el pueblo, mientras declaraba:

—Esta sangre confirma el pacto que el SEÑOR ha hecho con ustedes al darles estas instrucciones.

Inmediatamente subieron al monte, junto con su padre y los setenta ancianos. Allí vieron al Dios de Israel. Debajo de sus pies parecía haber una superficie de color azul brillante, tan clara como el mismo cielo.

Nadab y Abiú estaban asombrados, porque, aunque pudieron contemplar la gloria de Dios, Él no los destruyó. Luego compartieron una comida para celebrar el pacto. Comieron y bebieron en la presencia del SEÑOR.

Moisés ascendió al monte para encontrarse con Dios y ellos permanecieron esperándolo durante cuarenta días y cuarenta noches. La gloria del Señor, que estaba sobre la cima del monte, parecía como fuego consumidor.

Cuando Moisés descendió, habiendo renovado el pacto con Dios, después de dar diversas instrucciones para la construcción del tabernáculo, ordenó a Bezaleel que confeccionara túnicas de tela de lino fino para Aarón y sus hijos. Les hizo turbantes y gorros especiales. También ropa interior de tejido fino, con fajas bordadas con hilo azul, púrpura y escarlata.

Entonces, Nadab y Abiú se enteraron que Dios le había ordenado a su tío que su padre Aarón fuese el sumo sacerdote del pueblo y ellos, junto con sus hermanos Eleazar e Itamar, fuesen los sacerdotes. Para eso se hizo una ceremonia especial de consagración, al final de la cual, cuando su padre ofreció el sacrificio estipulado, la gloria del SEÑOR se apareció a toda la comunidad. Un fuego ardiente salió de su presencia y consumió la ofrenda quemada y la grasa que estaba sobre el altar.

Al presenciar esto los israelitas gritaron de alegría y se postraron rostro en tierra.

Al consagrarlos, Moisés les había dado instrucciones precisas.

—Ustedes tendrán el honor de acompañar a vuestro padre en todos los sacrificios. También ofrecerán todas las mañanas el incienso en el altar de oro que está dentro del santuario. Pero cuidado –les recomendó–, para ofrecer el incienso deberán utilizar brasas del altar del holocausto donde Dios mandó el fuego. No deben sacar fuego de ningún otro lado.

Los dos jóvenes escucharon las instrucciones detalladamente. Se sentían orgullosos de haber sido elegidos para una tarea tan especial.

Al día siguiente de haber sido consagrados, se vistieron la ropa adecuada que les había sido asignada y se dirigieron a ofrecer el incienso.

–Nuestro tío Moisés nos recomendó que saquemos fuego del altar del holocausto –comentó Nadab a su hermano Abiú, mientras se dirigían al santuario–, pero el incienso arde igual con cualquier tipo de brasa que utilicemos.

–¡Tienes razón! –prosiguió su hermano–. ¿Para qué ir hasta el altar de bronce pudiendo sacar fuego de otro lado? ¡De todas maneras, es lo mismo!

Se dirigieron a un brasero que habían utilizado para preparar sus alimentos y tomaron carbones encendidos en sus incensarios y se dirigieron muy contentos al santuario. Una vez allí, derramaron el incienso sobre las brasas y se dirigieron al altar de oro.

Ni bien llegaron allí, un fuego ardiente salió de la presencia del SEÑOR y los consumió por completo. Murieron al instante.

Ante esta tremenda pérdida, Moisés le dijo a Aarón:

–Esto quiso decir el SEÑOR: Demostraré mi santidad por medio de los que se acercan a mí. Demostraré mi gloria ante todo el pueblo.

Aarón, Eleazar e Itamar, guardaron silencio.

Esta historia es tremenda, pero demuestra bien a las claras que con el SEÑOR no se juega. Cuando relato esta historia a mis alumnos, muchas veces me dicen que Dios fue demasiado severo con Nadab y Abiú. ¡Simplemente por ofrecer un fuego extraño, los consumió! ¿Qué pasaría si Dios tuviese que obrar así en el día de hoy? Creo que no quedarían muchos creyentes, tal vez ninguno.

¿Por qué el SEÑOR obró de manera tan drástica? Mi opinión es que Él quiso dejar un precedente para advertir que no se puede tomar en poco sus mandamientos, ni las cosas que se consagran a Él.

En el caso de Nadab y Abiú, fue una advertencia para el pueblo de Israel al comienzo de su trato con ellos como pueblo separado para Él. Pero también tenemos en el Nuevo Testamento el caso de Ananías y Safira que murieron por mentir al Espíritu Santo. Eso creo que fue una advertencia al comienzo de su trato con la Iglesia, para que entendamos que no podemos tomar con liviandad su santidad, ni tampoco lo que se consagra para su obra.

¡Gracias al SEÑOR porque ahora ya no obra así! Pero, desgraciadamente, como en nuestros días nadie muere por hacer algo indebido o desobedecer algún mandamiento, descuidamos el temor reverente que deberíamos tener.

Cuando escucho algún hermano que reclama: "¡Por favor! Pedimos al que se haya llevado algún ventilador, que lo devuelva porque el año pasado se compraron cinco, y ahora que comienza el verano hay solamente uno. También se han perdido ollas y utensilios de cocina… (etc., etc.)".

Es lamentable que sea necesario realizar ese tipo de reclamos. En la iglesia donde me congrego sucede a menudo. Para colmo, por lo general, los elementos no aparecen. Y sabemos que no se trata de que alguien los robó, sino de algún buen hermano "los tomó prestados".

No entendemos que todo lo que hay en la iglesia está consagrado y, por lo tanto, debemos tratar las cosas con la debida reverencia. Si alguien las donó para la obra del Señor, o bien, el cuerpo de ancianos decidió comprarlas, es lo mismo. Desde el momento que se adquieren, quedan separadas exclusivamente para el uso al que se destina. Pero muchos tienen el concepto que lo que hay en la iglesia es de todos y por lo tanto, se le puede dar el uso que uno quiera. Y no es así.

A mí me apena ver muchas veces los bancos escritos o las paredes manchadas por descuido. Pienso que en nuestro hogar tenemos más cuidado que en la misma iglesia del SEÑOR.

Quiero relatar un caso que me tocó vivir y que quedó muy grabado en mi memoria.

Cuando se organizaban unas conferencias en la iglesia a la que asistíamos con mi esposo, nos pidieron si podíamos darles algunas macetas de las que vendíamos en nuestro negocio, para adornar el salón. Con mucho gusto lo hicimos y llevamos un tipo de macetas muy especiales que se fabricaban con cenizas volcánicas. Eran las mejores porque no se rompían con facilidad si se golpeaban.

Durante dichas conferencias, las habían puesto en la plataforma con unas plantas muy bonitas. Luego, las cambiaron de lugar. También varias veces les cambiaron las plantas.

Luego de alrededor de dos años, ya no las veíamos más. Pensábamos que las habían guardado. Pero un día, visitando un matrimonio que asistía a la iglesia y participaban activamente, vimos estas macetas en su patio de invierno. Asombrados de verlas allí, les preguntamos dónde las habían conseguido. Nunca me olvidaré la contestación que nos dio la dueña de casa: "Son las macetas que estaban en la iglesia. Como ya no se usaban, las traje a casa, porque estaba cansada de comprar macetas que siempre se terminaban rompiendo. ¡Ahí ya no las usaban y yo aquí les doy mejor uso!".

Nos miramos con mi esposo. No dijimos nada, pero yo sentí una pena muy grande. No por el valor de las macetas en sí, sino porque nosotros las habíamos donado para la iglesia.

Tal vez muchos de ustedes podrían relatar testimonios parecidos.

¡Claro! ¡Ahora no cae fuego del cielo y nos consume! Pero muchas veces pienso si no nos haría falta para valorar más las cosas consagradas.

Deseo que este ejemplo de Nadab y Abiú sirva para despertar nuestras conciencias y tener mucha más reverencia por la obra del Señor.

14

AGAR, de esclava a madre del primogénito del primer patriarca

Lectura: Génesis 12:10-20; 16; 17:9-27; 21:8-19.

Agar era una de las esclavas en el palacio de faraón en Egipto. En ese país había abundancia de alimentos. Debido al hambre de un país vecino, un día llegó al palacio la noticia que había llegado un hombre de Canaán con su hermana. Enseguida los funcionarios del palacio hablaron maravillas de esta mujer al faraón. Él la mandó a buscar y la llevaron a su presencia. Cuando la vio, quedó prendado de la belleza de esa mujer y le dio a su hermano muchos regalos por ella. Entre todos los presentes que recibió el visitante, se incluyó también a Agar como su esclava.

Al poco tiempo el SEÑOR envió plagas terribles sobre faraón y sobre todos los de su casa debido a esta mujer, Sarai, que en realidad era la esposa de Abram, el extranjero que había venido a buscar alimentos a Egipto.

El rey mandó a llamar a Abram y lo reprendió severamente: "¿Qué me has hecho? —lo increpó—. ¿Por qué no me dijiste que era tu esposa? ¿Por qué dijiste: "Es mi hermana" y con eso me permitiste tomarla como esposa? Ahora bien —continuó el faraón muy enojado—, "aquí tienes a tu esposa. ¡Tómala y vete de aquí!".

Inmediatamente ordenó a algunos de sus hombres que los escoltaran, y expulsó a Abram de su territorio junto con su esposa y todas sus pertenencias, entre las que se encontraba también Agar como esclava.

Pasaron diez años en los que Agar sirvió a sus amos. En ese tiempo, ella observó que ese matrimonio no tenía hijos. Sabía que esto entristecía mucho a Sarai, su patrona. Un día la mandó a llamar. Como buena sierva, obedeció inmediatamente, pero, cual no fue su sorpresa cuando su ama le ordenó: "Esta noche, mi esposo Abram dormirá contigo. Quiero tener un hijo. Pero como yo soy estéril, lo tendré de tu vientre".

Agar no lo podía creer. Sabía que las costumbres del lugar permitían eso. Aunque no entendió por completo la orden, obedeció. Esa noche fue llevada a la carpa principal y tuvo relaciones con su patrón Abram.

Al poco tiempo descubrió que estaba embarazada. Esto la llenó de orgullo. Ella sería la madre del primogénito de su patrón, no su esposa. Desde ese día sintió el derecho de tratar con desprecio a su señora.

Al poco tiempo Sarai llamó a su esposo:

—¡Todo esto es culpa tuya! —le reprochó enojada—. Puse a mi sierva en tus brazos pero, ahora que está embarazada, me trata con desprecio. El SEÑOR mostrará quién está equivocado, ¡tú o yo!

Abram respondió en tono reconciliador:

—Mira, ella es tu sierva, así que haz con ella como mejor te parezca.

Desde ese momento Sarai comenzó a tratar a su sierva con tanta dureza que al final ella huyó al desierto. Estaba angustiada, sin saber qué hacer.

Allí la encontró el ángel del Señor, junto a un manantial de agua y le dijo:

—Agar, sierva de Sarai, ¿de dónde vienes y hacia dónde vas?

—Estoy huyendo de mi señora Sarai —contestó Agar.

—Regresa a tu señora y sométete a su autoridad —después añadió el ángel—: Yo te daré más descendientes de los que puedas contar. Ahora estás embarazada y darás a luz un hijo. Lo llamarás Ismael (que significa "Dios oye"), porque el Señor ha oído tu clamor de angustia. Este hijo tuyo será un hombre indomable, ¡tan indomable como un burro salvaje! Levantará su puño contra todos, y todos estarán en su contra. Así es, vivirá en franca oposición con todos sus familiares.

A partir de entonces, Agar utilizó otro nombre para referirse al SEÑOR, quién le había hablado. Ella dijo:

—Tú eres el Dios que me ve y llamó así al pozo donde la encontró el ángel.

Obedeciendo al mandato recibido, volvió a la carpa y se puso a disposición de sus amos. Cuando Abram tenía ochenta y seis años, Agar le dio un hijo, al cual llamó Ismael.

Pasaron trece años y el SEÑOR se le apareció de nuevo a Abram. En ese encuentro, le cambió su nombre por Abraham y a su esposa Sarai, le indicó que debía llamarla Sara.

Luego le dio la promesa de otro hijo, pero que nacería de su propia esposa, al que debía ponerle por nombre Isaac.

En un primer momento Abraham no podía creer lo que le había dicho Dios.

–¡Que Ismael viva bajo tu bendición especial! –exclamó. Pero Dios le respondió:

–No, Sara, tu esposa te dará a luz un hijo. Yo confirmaré mi pacto con él y con sus descendientes como pacto eterno –y agregó–, con respecto a Ismael, también a él lo bendeciré, tal como me has pedido. Haré que sea muy fructífero y multiplicaré su descendencia. Llegará a ser padre de doce príncipes, y haré de él una gran nación; pero mi pacto se confirmará con Isaac, quien nacerá de ti y de Sara dentro de un año.

Cuando Dios terminó de hablar, dejó a Abraham.

Ese mismo día, él tomó a su hijo Ismael, y a todos los varones de su casa, tanto los que habían nacido allí como los que había comprado y los circuncidó cortándoles el prepucio, tal como Dios se lo había ordenado.

Abraham tenía noventa y nueve años cuando fue circuncidado y su hijo Ismael tenía trece. Ambos fueron circuncidados el mismo día.

Al poco tiempo, Agar observó que su amo recibió unos extraños visitantes. Ella, Sara, y otros sirvientes prepararon una comida especial para ellos.

Después de unas horas de la partida de los peregrinos, vieron con asombro cómo caía fuego desde el cielo, muy cerca de allí. Dios había destruido las ciudades de Sodoma, Gomorra, Adma y Zeboín. Esto entristeció mucho a su patrón. Al poco tiempo se trasladaron a una ciudad llamada Gerar.

Allí hubo un altercado entre su rey Abimelec y Abraham por causa de Sara, su esposa, después del cual, el rey le dio gran riqueza y le sugirió que eligiera cualquier lugar donde quisiera vivir. También le entregó mil piezas de plata en compensación de cualquier daño que pudiera haberle causado.

Entonces Abraham oró a Dios y el SEÑOR levantó la maldición que había caído sobre la familia de Abimelec.

Dios cumplió su palabra e hizo con Sara exactamente lo que había prometido. Ella quedó embarazada y dio a luz un hijo a Abraham en su vejez, al cual puso por nombre Isaac. Ocho días después del nacimiento, Abraham circuncidó a su hijo Isaac, tal como Dios le había ordenado. En ese momento el patriarca tenía cien años y su esposa Sara, noventa.

Pasaron algunos años. Isaac crecía lleno de mimos y privilegios. Ismael, criado de otro modo, había adquirido gran destreza en la caza. Agar se sentía orgullosa de su hijo. Aunque Sara, su patrona, había sido madre, ella sabía que la herencia de la primogenitura la tenía su hijo Ismael, por ser el mayor. Esto hacía que despreciara a Isaac. Su hijo Ismael imitaba su actitud.

Cuando Isaac estaba a punto de ser destetado, Abraham preparó una gran fiesta para celebrar la ocasión. Sara observó que Ismael y su sierva Agar se burlaban de su hijo Isaac y le disgustó sobremanera. Se dirigió decidida a Abraham:

—Echa fuera a esa esclava y a su hijo —le exigió—. Él no compartirá la herencia con mi hijo Isaac. ¡No lo permitiré!

Esto disgustó mucho a Abraham, porque Ismael también era su hijo y lo amaba. Pero Dios se le apareció de nuevo y le dijo:

—No te alteres por el muchacho y tu sierva. Haz todo lo que Sara te diga, porque Isaac es el hijo mediante el cual procederán tus descendientes. Yo también haré una nación de los descendientes del hijo de Agar, porque él también es hijo tuyo —agregó para consolarlo.

Con mucho dolor, Abraham obedeció. A la mañana siguiente, se levantó temprano, preparó comida y un recipiente de agua, y amarró todo a los hombros de Agar y la despidió junto con su hijo.

Ella anduvo errante por el desierto de Beerseba. Caminaba sin rumbo fijo porque no tenía dónde ir. Al cabo de algunos días, se le acabó el agua que Abraham le había dado. A su alrededor todo era arena. Ya su hijo no tenía fuerzas ni para caminar. Solamente lloraba. Agar pensó que ambos morirían de sed. Como no podía soportar ver a su hijo en ese estado, lo puso a la sombra de un arbusto y se alejó unos cien metros de distancia. Allí se echó a llorar:

—No quiero ver morir al muchacho —se lamentó.

Pero Dios escuchó llorar al adolescente, y el ángel del SEÑOR llamó a Agar desde el cielo:

—Agar, ¿qué sucede? ¡No tengas miedo! Dios ha oído llorar al muchacho, allí tendido en el suelo. Ve a consolarlo, porque yo haré de su descendencia una gran nación.

Entonces Dios abrió los ojos de Agar, y ella vio un pozo lleno de agua. Enseguida llenó su recipiente y dio de beber al muchacho.

Desde entonces, Ismael creció en el desierto de Parán. Dios estaba con él. Llegó a ser un hábil arquero. Su madre arregló que se casara con una mujer de la vecina tierra de Egipto, de donde ella era oriunda.

Pensemos un poco en la historia de Agar. Siempre hemos oído hablar de Sara y Abraham, sacando grandes enseñanzas de sus vidas, pero cuando leo en la Biblia lo sucedido, me lleva a pensar en cuántos de nosotros hacemos algo parecido a la protagonista de este relato. Ella era simplemente una esclava. Servía, primero en el palacio de faraón y luego a sus nuevos amos. Su vida transcurría sin ninguna motivación especial. Hasta que un día, todo cambió. No solamente llegó a ser la concubina de su patrón, sino que además ¡quedó embarazada de él! ¡Vaya privilegio! Por lo que podemos entrever en la narración, esto la llenó de orgullo. Desde ese momento, ya no seguiría siendo la esclava, sumisa, desconsiderada. Ahora tendría grandes derechos, ya que le iba a dar a Abraham el hijo que su esposa no podía concebir.

¿Por qué digo que muchos de nosotros nos parecemos a Agar? Porque hemos crecido en la iglesia, sirviendo de alguna manera, pero sin sobresalir. Casi ni nos tenían en cuenta. Pero de repente el Señor nos da el privilegio de hacer algo deslumbrante. Alguna tarea especial que nos saca del anonimato. Y en vez de estar agradecidos por esa situación, nos envanecemos y empezamos a mirar a nuestros hermanos con aire de suficiencia. La mayoría de las veces el enemigo es tan sutil que ni nos damos cuenta de nuestra actitud.

Las palabras del apóstol Pablo en 1 Corintios 4:5 y 7, siempre me ayudaron muchísimo: "Así que no juzguen a nadie antes de tiempo, es decir, antes de que el Señor vuelva. Pues él sacará a la luz nuestros secretos más oscuros y revelará nuestras intenciones más íntimas. Entonces Dios le dará a cada uno el reconocimiento que le corresponda".

"Pues, ¿qué derecho tienen a juzgar así? ¿Qué tienen que Dios no les haya dado? Y si todo lo que tienen proviene de Dios, ¿por qué se jactan como si no fuera un regalo?".

Pero, ¡gracias al SEÑOR que no nos paga conforme a lo que merecemos! Sino que nos entiende. Y ¡siempre nos recompensa!

Agar, a pesar de todo, recibió la recompensa de que su hijo fuera un hábil arquero y padre de doce príncipes, igual que Jacob. Lástima que esos "príncipes" fueron y son espinas que lastimaron y lastiman al pueblo escogido de Dios. Sus consecuencias siguen hasta el día de hoy. Y cuando nosotros cometemos el error de envanecernos o pensamos que valemos algo por nosotros mismos, desgraciadamente, sucede algo parecido. No sólo llegamos a ser espinas para otros hermanos, sino que nuestros descendientes también sufren las consecuencias de nuestros actos.

¡Ojalá aprendamos la lección! Si el Señor nos permite hacer alguna tarea "sobresaliente", pensemos como dice Pablo: Todo proviene de Dios y no nos podemos jactar porque es un regalo.

Y también pensemos que así como nos dio algún privilegio, Él nos lo puede quitar, si no lo utilizamos para su gloria. Seamos conscientes también de esto.

Agar perdió el privilegio de que su hijo recibiera la herencia que le correspondía y nosotros podemos perder el galardón que el SEÑOR tenía preparado para nosotros. Como dice 2 Juan v. 8: "Tengan cuidado de no perder lo que hemos logrado con tanto trabajo. Sean diligentes para que reciban una recompensa completa".

15

La sunamita, una mujer hospedadora

Lectura: 2 Reyes 4:8-37 y 8:1-6.

Cierto día, Eliseo fue a la ciudad de Sunem y una mujer rica que vivía allí le insistió que fuera a comer a su casa. Después, cada vez que él pasaba por allí, se detenía en esa casa para comer algo.

Entonces la mujer le dijo a su esposo: «Estoy segura de que este hombre que pasa por aquí de vez en cuando es un santo hombre de Dios. Construyamos un pequeño cuarto en el techo para él y pongámosle una cama, una mesa, una silla y una lámpara. Así tendrá un lugar dónde quedarse cada vez que pase por aquí».

El esposo aceptó la sugerencia y edificó el cuarto que había ideado su mujer.

Cierto día, Eliseo regresó a Sunem y subió a ese cuarto para descansar. Entonces le dijo a su sirviente, Giezi: «Dile a la mujer sunamita que quiero hablar con ella». Cuando ella llegó, Eliseo le dijo a Giezi: «Dile: —Agradecemos tu amable interés por nosotros. ¿Qué podemos hacer por ti? ¿Quieres que te recomendemos con el rey o con el comandante del ejército?—».

«No —contestó ella—, mi familia me cuida bien».

Después que la mujer se retiró, Eliseo le preguntó a Giezi:

—¿Qué podemos hacer por ella?

—Ella no tiene hijos —contestó Giezi—, y su esposo ya es anciano.

—Llámala de nuevo —le dijo Eliseo.

La mujer regresó y se quedó de pie en la puerta mientras Eliseo le dijo:

—El año que viene, por esta fecha, ¡tendrás un hijo en tus brazos!

—¡No, señor mío! —exclamó ella—. Hombre de Dios, no me engañes así ni me des falsas esperanzas.

Efectivamente, la mujer pronto quedó embarazada y al año siguiente, por esa fecha, tuvo un hijo, tal como Eliseo le había dicho.

Cierto día, el niño, ya más grande, salió a ayudar a su padre en el trabajo con los cosechadores, y de repente gritó: «¡Me duele la cabeza! ¡Me duele la cabeza!».

Su padre le dijo a uno de sus sirvientes: «Llévalo a casa, junto a su madre».

Entonces el sirviente lo llevó a su casa, y la madre lo sostuvo en su regazo; pero cerca del mediodía, el niño murió. Ella lo subió y lo recostó sobre la cama del hombre de Dios; luego cerró la puerta y lo dejó allí. Después le envió un mensaje a su esposo: «Mándame a uno de los sirvientes y un burro para que pueda ir rápido a ver al hombre de Dios y luego volver enseguida».

—¿Por qué ir hoy? —preguntó él—. No es ni festival de luna nueva ni día de descanso.

Pero ella dijo:

—No importa.

Entonces ensilló el burro y le dijo al sirviente: «¡Apúrate! Y no disminuyas el paso a menos que yo te lo diga».

Cuando ella se acercaba al hombre de Dios, en el monte Carmelo, Eliseo la vio desde lejos y le dijo a Giezi: «Mira, allí viene la señora de Sunem. Corre a su encuentro y pregúntale: —¿Están todos bien, tú, tu esposo y tu hijo?—».

«Sí —contestó ella—, todo bien».

Sin embargo, cuando ella se encontró con el hombre de Dios en la montaña, se postró en el suelo delante de él y se agarró de sus pies. Giezi comenzó a apartarla, pero el hombre de Dios dijo: «Déjala. Está muy angustiada, pero el Señor no me ha dicho qué le pasa».

Entonces ella dijo: «¿Acaso yo te pedí un hijo, señor mío? ¿Acaso no te dije: —No me engañes ni me des falsas esperanzas—?».

Enseguida Eliseo le dijo a Giezi: «¡Prepárate para salir de viaje, toma mi vara y vete! No hables con nadie en el camino. Ve rápido y pon la vara sobre el rostro del niño».

Pero la madre del niño dijo: «Tan cierto como que el Señor vive y que usted vive, yo no regresaré a mi casa a menos que usted venga conmigo». Así que Eliseo volvió con ella.

Giezi se adelantó apresuradamente y puso la vara sobre el rostro del niño, pero no pasó nada. No daba señales de vida. Entonces regresó a encontrarse con Eliseo y le dijo: «El niño sigue muerto».

En efecto, cuando Eliseo llegó, el niño estaba muerto, acostado en la cama del profeta. Eliseo entró solo, cerró la puerta tras sí y oró al Señor. Después se tendió sobre el cuerpo del niño, puso su boca sobre la boca del niño, sus ojos sobre sus ojos y sus manos sobre sus manos. Mientras se tendía sobre él, ¡el cuerpo del niño comenzó a entrar en calor! Entonces Eliseo se levantó, caminó de un lado a otro en la habitación, y se tendió nuevamente sobre el niño. ¡Esta vez el niño estornudó siete veces y abrió los ojos!

Entonces Eliseo llamó a Giezi y le dijo: «¡Llama a la madre del niño!».

Cuando ella entró, Eliseo le dijo: «¡Aquí tienes, toma

a tu hijo!». Ella cayó a los pies de Eliseo y se inclinó ante él llena de gratitud. Después tomó a su hijo en brazos y lo llevó abajo…

Eliseo le había dicho a la madre del niño que él había resucitado: «Toma a tu familia y múdate a algún otro lugar, porque el Señor ha decretado que habrá hambre en Israel durante siete años». Entonces la mujer hizo lo que el hombre de Dios le indicó. Tomó a su familia y se estableció en la tierra de los filisteos por siete años.

Una vez que pasó el hambre, la mujer regresó de la tierra de los filisteos y fue a ver al rey para recuperar su casa y sus tierras. Cuando ella entró, el rey estaba conversando con Giezi, el sirviente del hombre de Dios, y acababa de decirle: «Cuéntame algunas de las grandes cosas que ha hecho Eliseo». Cuando Giezi estaba relatándole al rey la ocasión en que Eliseo le había devuelto la vida a un niño, en ese preciso instante, la madre del niño entró para presentarle al rey la petición de su casa y de sus tierras.

—¡Mire, mi señor el rey! —exclamó Giezi—. ¡Ella es la mujer y este es su hijo, el que Eliseo volvió a la vida!

—¿Es cierto? —le preguntó el rey.

Y ella le contó la historia. Entonces el rey dio instrucciones a uno de sus funcionarios para que la mujer recuperara todo lo que había perdido, incluso el valor de todos los cultivos que se habían cosechado durante su ausencia.

Este relato lo he copiado textualmente de la Nueva Traducción Viviente de la Biblia, porque creo que está muy bien relatado y no es necesario cambiar ni agregar nada.

La enseñanza que quiero rescatar de esta historia es la falta que hace en estos tiempos tener el corazón hospedador de esta mujer.

Cuando escucho la invitación a alguna conferencia, acompañada de los precios de los hoteles disponibles, siento una angustia especial.

Sé que en la época que vivimos, prácticamente nadie dispone de casas o departamentos amplios. Y, menos aún, la posibilidad de hacer una habitación especial para huéspedes, como hizo la sunamita. Pero sé también, que con buena voluntad, todos podemos hacer lugar en algún "rincón" de nuestro hogar para recibir a nuestros hermanos en la fe. Los hoteles son muy cómodos, pero carecen de calor humano.

Desde hace varios años me invitan a dar conferencias o retiros de mujeres en distintas partes del país y les aseguro que lo que menos me importa es la comodidad del lugar donde me hospedan, sino la calidez y amor fraternal con que me reciben. Eso vale muchísimo más.

Entiendo que muchas veces nos sentimos mal porque no disponemos de las comodidades o de los medios suficientes para agasajar a nuestros huéspedes. Eso me pasaba a mí al comienzo de mi matrimonio. Pero un día, invité a cenar a un gran siervo de Dios, que ya está en su presencia, y él me hizo entender que no importaba tanto lo que le servía, sino cómo lo hacía.

En otra oportunidad invitamos con mi esposo a almorzar a un equipo de evangelización que realizaba una campaña en nuestra ciudad. Era ya el último día de su estadía. Y cuando mi esposo los invitó al día siguiente a almorzar en nuestro hogar, uno de ellos le pidió que por favor me dijera que le hiciera solamente una sopa de verduras. Yo tenía previsto cocinar una comida especial (pero bastante "pesada") y me parecía descortés hacer lo que me pedían. Por lo tanto, preparé el menú previsto e hice lo solicitado: "una sopa de verduras". ¡Cuál no fue mi sorpresa cuando ellos (eran cuatro), me agradecieron muy sonrientes mi "sopa de verduras" y me pidieron disculpas por no comer el menú preparado! Allí nos contaron que en los días anteriores, en todos los hogares donde los habían invitado, les habían preparado "comidas especiales", pero a cuál más pesada para el estómago. A esa altura de la semana, se sentían descompuestos y con dolor de cabeza. Como tenían la confianza suficiente con mi esposo, se animaron a solicitar ese pedido tan insólito para mí.

Después de mucho tiempo, cuando me tocó viajar y ser hospedada en otros lugares, pude entender a estos queridos hermanos. En una conferencia donde me invitaron como oradora, me pasó algo parecido. Todos los días me invitaban a almorzar y a cenar en distintos lugares (a veces también a merendar) y en todos los hogares me servían comidas riquísimas, pero que mi estómago no estaba acostumbrado a comer seguido. Cuando llegó el último día, donde tenía a cargo las dos últimas reuniones, una a la mañana y otra antes del mediodía, amanecí con un dolor de cabeza tremendo. Los dueños de casa me dieron toda clase de remedios, té, etc., pero mi descompostura seguía. Yo oraba al Señor porque en ese estado me iba a ser muy difícil predicar. ¡Para colmo, debía concluir los mensajes! Pasó más de una hora en la que apenas me podía levantar de la cama y entonces "vomité" (perdón por la palabra que tengo que usar, pero no encuentro otra) y de esa manera me alivié y pude cumplir mi tarea.

Queridos hermanos, quisiera que pudieran entender el privilegio tremendo que tenemos de recibir en nuestros hogares a otros creyentes (y a los que no lo son también), porque, como dice Hebreos 13:2: "No se olviden de brindar hospitalidad a los desconocidos, porque algunos que lo han hecho, ¡han hospedado ángeles sin darse cuenta!".

Ese texto hace referencia, sin duda, al caso de Abraham, cuando recibió al Ángel del Señor con los dos varones (que evidentemente también eran ángeles –Génesis 18), pero eso no quita que nosotros también tengamos esa oportunidad.

Por experiencia lo digo. Muchas veces hospedé a "ángeles". Y siempre salimos más bendecidos, mi familia y yo, que los huéspedes.

El caso de la sunamita es muy claro. Ella hospedó a Eliseo sin pedir nada a cambio, pero recibió la bendición de ser madre (algo de lo cual ya había perdido toda esperanza). Luego fue preservada del hambre que hubo en la tierra y cuando volvió, recibió, no solamente lo que había tenido que dejar, sino también la ganancia que hubiera recibido esos siete años que no estuvo en su tierra.

¡Ese es nuestro SEÑOR! ¡Él no es deudor de nadie y siempre nos devuelve cuadruplicado!

16

Jonadab, su ejemplo perduró a través del tiempo

Lectura: 2 Reyes 10:15-28; Jeremías 35.

Jehú fue ungido rey de Israel por mandato de Dios a Eliseo (2 Reyes 9:1-3). Tenía la misión de exterminar la casa de Acab por la maldad e idolatría que éste había traído al pueblo del SEÑOR. Después de matar a varios de los descendientes del malvado rey, se propuso terminar con la adoración de Baal, uno de los ídolos más abominables que habían sido introducidos a Israel cuando éstos entraron a la tierra prometida y luego la esposa de Acab, Jezabel, lo impuso como dios tutelar del pueblo, obligándolo a su aberrante adoración pagana.

Jehú había ideado una treta especial para exterminar a los adoradores de Baal y cuando se dirigía a realizar su propósito, se encontró con Jonadab, hijo de Recab, quien venía a su encuentro.

Después de saludarse, le dijo:

—¿Me eres tan leal como yo lo soy contigo?

—Sí, lo soy —contestó Jonadab.

—Si lo eres —dijo Jehú—, entonces estréchame la mano.

Jonadab le dio la mano y el rey lo ayudó a subirse al carro.

Luego, Jehú le dijo:

—Ven conmigo y verás lo dedicado que soy al SEÑOR.

Jonadab lo acompañó en su carro.

Cuando Jehú llegó a Samaria, mató a todos los que quedaban de la familia de Acab, tal como el SEÑOR había prometido por medio del profeta Elías.

Luego Jehú convocó a una reunión a toda la gente de la ciudad y les dijo: «¡La forma en que Acab le rindió culto a Baal no fue nada en comparación con la forma en que yo voy a rendirle culto! Por lo tanto, manden a llamar a todos los profetas y a los que veneran a Baal y reúnan a todos sus sacerdotes. Asegúrense de que vengan todos, porque voy a ofrecer un gran sacrificio a Baal. Cualquiera que no venga será ejecutado».

Esto le dijo Jehú al pueblo, pero en realidad su astuto plan consistía en destruir a todos los que rendían culto a Baal.

Después Jehú ordenó: «¡Preparen una asamblea solemne para rendir culto a Baal!».

Los dirigentes del pueblo hicieron lo que les ordenó el rey, el cual mandó mensajeros por todo Israel para convocar a los que veneraban a Baal.

Asistieron todos —no faltó ninguno—, de tal modo que el templo del ídolo se llenó de un extremo a otro de sus adoradores.

Entonces Jehú le indicó al encargado del guardarropa: «Asegúrate de que todos los que rinden culto a Baal tengan puesto uno de esos mantos».

Así que a cada uno de ellos se le dio un manto.

Después Jehú entró al templo de Baal con Jonadab, hijo de Recab y les dijo a los que veneraban al ídolo: «Asegúrense de que aquí no haya nadie que adora al SEÑOR, sólo los que rindan culto a Baal».

Así que estaban todos adentro del templo para ofrecer sacrificios y ofrendas quemadas. Ahora bien, Jehú había puesto a ochenta de sus hombres fuera del edificio y les había advertido: «Si dejan que alguno se escape, pagarán con su propia vida».

Apenas Jehú terminó de sacrificar la ofrenda quemada, les ordenó a sus guardias y oficiales: «¡Entren y mátenlos a todos! ¡Que no escape nadie!».

Así que los guardias y oficiales los mataron a filo de espada y arrastraron los cuerpos fuera. Luego... entraron en la fortaleza más recóndita del templo de Baal y sacaron a rastras la columna sagrada que se usaba para rendirle culto al dios y la quemaron. Destrozaron la columna sagrada, demolieron el templo de Baal y lo convirtieron en un baño público; así quedó hasta el día de hoy.

De esta forma, Jehú [acompañado de Jonadab, hijo de Recab] destruyó todo rastro del culto a Baal en Israel.

Pasaron muchísimos años y cuando Joacim, hijo de Josías gobernaba sobre Judá (ya el pueblo de Israel, o sea, las diez tribus del norte, habían sido llevados cautivos a Asiria), Jeremías, profeta del SEÑOR recibió este mensaje de su parte:

«Ve al asentamiento donde habitan las familias de los recabitas e invítalos al templo del SEÑOR. Llévalos a una de las habitaciones interiores y ofréceles algo de vino».

En obediencia al mandato de Dios, Jeremías fue a todas las familias que descendían de los recabitas y los llevó al templo. En una de sus cámaras, puso copas y jarras llenas de vino delante de ellos y los invitó a beber.

Para sorpresa del profeta, ellos no aceptaron:

«No —le dijeron—, no bebemos vino porque nuestro antepasado Jonadab, hijo de Recab, nos ordenó: "Nunca beban vino ni ustedes ni sus descendientes. Tampoco edifiquen casas ni planten cultivos, ni viñedos, sino que siempre vivan en carpas. Si ustedes

obedecen estos mandamientos vivirán largas y buenas vidas en la tierra". Así que le hemos obedecido en todas estas cosas. Nunca hemos bebido vino hasta el día de hoy, ni tampoco nuestras esposas, ni nuestros hijos ni nuestras hijas. No hemos construido casas ni hemos sido dueños de viñedos o granjas, ni sembramos campos. Hemos vivido en carpas y hemos obedecido por completo los mandamientos de Jonadab, nuestro antepasado».

Y, como disculpándose, agregaron:

«Sin embargo, cuando el rey Nabucodonosor de Babilonia atacó este país tuvimos miedo del ejército de Babilonia y también del ejército de Siria, por lo que decidimos mudarnos a Jerusalén. Por esa razón, estamos aquí».

Entonces el SEÑOR le dio a Jeremías el siguiente mensaje: «Esto dice el SEÑOR de los Ejércitos Celestiales, Dios de Israel: ve y dile al pueblo de Judá y de Jerusalén: "Vengan y aprendan una lección de cómo obedecerme. Los recabitas no beben vino hasta el día de hoy porque su antepasado Jonadab les dijo que no; pero yo les hablé a ustedes una y otra vez y se negaron a obedecerme. Vez tras vez les envié profetas que decían: 'Apártense de su conducta perversa y comiencen a hacer lo que es correcto. Dejen de rendir culto a otros dioses para que vivan en paz aquí en la tierra que les di a ustedes y a sus antepasados '; pero ustedes no querían escucharme ni obedecerme. Los descendientes de Jonadab, hijo de Recab, han obedecido a su antepasado en todo, pero ustedes rehusaron escucharme".

»Por lo tanto, esto dice el SEÑOR Dios de los Ejércitos Celestiales, Dios de Israel: "Dado que ustedes se niegan a escuchar o a responder cuando llamo, enviaré sobre Judá y Jerusalén todos los desastres con los que amenacé"».

Entonces Jeremías se dirigió a los recabitas y les dijo: «Esto dice el SEÑOR de los Ejércitos Celestiales, Dios de Israel: "Ustedes han obedecido a su antepasado Jonadab en todos los aspectos y han seguido todas sus instrucciones. Por lo tanto, esto dice el SEÑOR de los Ejércitos Celestiales, Dios de Israel: Jonadab, hijo de Recab, siempre tendrá descendientes que me sirvan"».

. . . .

¡Cómo habrá sido el ejemplo de Jonadab y la autoridad de sus palabras, respaldada sin duda por su propia vida, que después de tantos años, sus descendientes, todavía le obedecían!

¡Qué vergüenza para el pueblo de Israel, que habiendo tenido profetas y grandes siervos de Dios que les hablaban constantemente, sin embargo, no hicieron caso!

Pero pienso que mucha más vergüenza deberíamos sentir nosotros al leer el ejemplo de los recabitas, porque no solamente tenemos "toda la Palabra del Señor", el ejemplo de grandes hombres de Dios y el Espíritu Santo que nos está enseñando, redarguyendo de pecado e instruyéndonos constantemente. No obstante, (con mucha tristeza lo digo), no solamente desobedecemos su Palabra, sino que tomamos livianamente su santidad.

Un gran siervo del SEÑOR me dijo un día algo que me quedó grabado: "Nadie aprende de experiencias ajenas". ¡Qué triste! Pero la mayoría de las veces esto es una realidad.

Cuando leo 1 Samuel capítulo 8, donde el pueblo de Israel pide un rey y rechazan a los hijos mayores de Samuel, Joel y Abías, que él había nombrado como jueces en su lugar. Me asombra el motivo por el cual los rechazan. Dice la Biblia: "Pero ellos no eran como su padre, porque codiciaban el dinero; aceptaban soborno y pervertían la justicia" (v. 3).

Es increíble que, teniendo un padre como Samuel, donde al final de su vida pudo decir:

"He sido su líder desde mi niñez hasta el día de hoy. Ahora testifiquen contra mí en presencia del SEÑOR y ante su ungido. ¿A quién le he robado un buey o un burro? ¿Alguna vez he estafado a alguno de ustedes? ¿Alguna vez los he oprimido? ¿Alguna vez he aceptado soborno o he pervertido la justicia? Díganmelo y corregiré cualquier cosa incorrecta que haya hecho".

El pueblo negó rotundamente que él hubiera hecho algo de todo eso, por lo que Samuel pudo decir con satisfacción: "El SEÑOR y su ungido son mis testigos hoy —declaró Samuel— de que mis manos están limpias".

(1 Samuel 12:1-5).

Sin embargo, sus propios hijos, no solamente no siguieron su ejemplo, sino que además, cometieron pecados tremendos.

Este relato confirma lo que me dijo aquel siervo del SEÑOR, que nadie aprende por experiencias ajenas.

Es triste reconocerlo, pero sabemos de muchos casos donde esto se repite.

Jonadab les había aconsejado a sus descendientes que vivieran como nómadas, sin edificar casas para vivir. Nuestro SEÑOR nos dijo que no "nos hagamos tesoros en la tierra". También Pablo nos dice que "somos ciudadanos del cielo". Y sin embargo, debemos reconocer (al menos a mí me pasa), que estamos tan abstraídos en nuestros proyectos de cómo arreglar la casa, adquirir o cambiar nuestro vehículo, comprar nuevas propiedades, etc.; según lo que esté a nuestro alcance, que nos olvidamos que todo eso quedará (quién sabe para qué). No llevaremos nada a la presencia de Dios. Por favor, quiero dejar en claro que todo esto no está mal, pero lo peor de todo es que por esas preocupaciones dejamos de lado las cosas espirituales, que son las únicas que tienen validez eterna.

Hermanos, ¡reflexionemos del ejemplo de los recabitas! Y ¡ojalá podamos dejar a nuestros descendientes una influencia tan grande como la de Jonadab!

17

Ofni y Finess, abusaron del privilegio del sacerdocio

Lectura: 1 Samuel 2:12-36; capítulo 3; 22:11-23.

Era una época de gran decadencia espiritual. Hacía tiempo que el SEÑOR no mandaba ningún profeta. Aunque tenían la ley dada a Moisés, cada uno hacía "lo que bien le parecía". Donde más se notaba esa decadencia era en el servicio del tabernáculo. En ese momento, Elí era el sumo sacerdote y sus hijos Ofni y Finees, los sacerdotes. Debido a que su padre los consentía y no les reprochaba su mal proceder, poco a poco fueron cayendo en pecados cada vez más groseros.

En un primer momento, dejaron de respetar el orden establecido por Dios respecto a los sacrificios. Cuando un piadoso israelita traía al SEÑOR un cordero u otro animal para sacrificar, ellos mandaban a un sirviente con un tenedor grande de tres dientes y, mientras la carne del animal sacrificado todavía se cocinaba, el sirviente metía el tenedor en la olla y exigía que todo lo que sacara con él fuera entregado a los hijos de Elí.

La ley estipulaba que en todo sacrificio debía quemarse primero la grosura y las entrañas del animal en el altar del holocausto y recién después de eso se debía hacer el sacrificio. Y si era un "holocausto", debía quemarse totalmente sobre el altar.

Algunas veces el sirviente llegaba aún antes que la grasa del animal fuera quemada sobre el altar y exigía carne cruda, para poder asarla. Eso era totalmente contra la ley divina.

Si el hombre que ofrecía el sacrificio se quejaba:

—Toma toda la carne que quieras, pero sólo después de quemarse la grasa.

El sirviente insistía:

—No, dámela ahora o la tomaré por la fuerza.

El pecado de estos jóvenes era muy serio ante los ojos del SEÑOR, porque trataban las ofrendas con desprecio.

Elí, su padre, era muy anciano, pero estaba consciente de lo que sus hijos le hacían al pueblo de Israel.

Ofni y Finees comenzaron despreciando las ofrendas santificadas, pero luego hicieron cosas peores, como seducir y acostarse con las jóvenes que ayudaban a la entrada del tabernáculo. Su padre sabía lo que ellos hacían, pero simplemente les reprochaba diciendo:

—He oído lo que la gente dice acerca de las cosas perversas que ustedes hacen. ¿Por qué siguen pecando? ¡Basta, hijos míos! Los comentarios que escucho del pueblo no son buenos. Si alguien peca contra otra persona, Dios puede mediar por el culpable. Pero si alguien peca contra el SEÑOR, ¿quién podrá interceder?

Como su reproche se limitaba a palabras, sin tomar medidas drásticas ante semejantes pecados, los hijos de Elí no hicieron caso y siguieron burlándose de las cosas sagradas.

Cierto día un hombre de Dios vino a Elí y le dio el siguiente mensaje de parte del SEÑOR: "Cuando el pueblo de Israel era esclavo en Egipto, yo me revelé a tus antepasados. Elegí a Aarón de entre todas las tribus de Israel para que fuera mi sacerdote, ofreciera sacrificios sobre mi altar, quemara incienso y vistiera el chaleco sacerdotal cuando me servía. Y les asigné las ofrendas de los sacrificios a ustedes, los sacerdotes. Entonces, ¿por qué menosprecian mis sacrificios y ofrendas? ¿Por qué les das más honor a tus hijos que a mí? ¡Pues tú y ellos han engordado con lo mejor de las ofrendas de mi pueblo Israel! Por lo tanto, el SEÑOR, Dios de Israel dice: prometí que los de tu rama de la tribu de Leví me servirían siempre como sacerdotes. Sin embargo honraré a los que me honran y despreciaré a los que me menosprecian. Llegará el tiempo cuando pondré fin a tu familia para que ya no me sirvan como sacerdotes. Todos los miembros de tu familia morirán antes de tiempo; ninguno llegará a viejo. Con envidia mirarás cuando derrame prosperidad sobre el pueblo de Israel, pero ningún miembro de tu familia jamás cumplirá sus días. Los que sobrevivan llevarán una vida de tristeza y dolor, y sus hijos morirán de muerte violenta. Y para comprobar que lo que dije se hará realidad, ¡haré que tus dos hijos, Ofni y Finees, mueran el mismo día!".

Seguidamente, el hombre de Dios, concluyó:

—El SEÑOR también te dice: "Levantaré a un sacerdote fiel, que me servirá y hará lo que yo deseo. Estableceré para él una descendencia duradera, y ellos serán por siempre sacerdotes para mis reyes ungidos. Así pues, todos los que sobrevivan de tu familia se inclinarán ante él, mendigando dinero y comida. Le rogarán que les dé algún trabajo entre los sacerdotes para que tengan suficiente para comer".

En ese tiempo, servía también en el tabernáculo el niño Samuel, que había sido traído por su madre Ana, ya que ella se lo había prometido al SEÑOR. Como en esos días los mensajes de parte de Dios eran muy escasos y las visiones poco frecuentes, Samuel no conocía la voz divina y no entendió el llamado que Él le hacía, hasta que el sacerdote Elí, dándose cuenta de lo que acontecía, le indicó que contestara el llamado divino.

Cuando Samuel respondió a la voz del SEÑOR, éste le dijo:

"Estoy por hacer algo espantoso en Israel. Llevaré a cabo todas mis amenazas contra Elí y su familia de principio a fin. Le advertí que viene un juicio sobre su familia para siempre porque sus hijos blasfeman a Dios y él no los ha disciplinado. Por eso juré que sus pecados jamás serán perdonados ni por medio de sacrificios ni ofrendas".

Cuando Samuel se levantó al otro día, tenía miedo de contarle a Elí lo que el SEÑOR le había dicho, pero ante la insistencia de éste, el niño le contó todo, sin ocultarle nada.

Pasó el tiempo y mientras Samuel crecía, el SEÑOR siguió apareciéndosele en Silo, donde estaba el tabernáculo, y le daba mensajes que luego se cumplían. De esta manera todo el pueblo supo que Samuel había sido confirmado como profeta del SEÑOR y sus palabras llegaban con autoridad a todo Israel.

Finees se había casado y su esposa estaba embarazada cuando Israel entró en guerra contra los filisteos. En una primera batalla, prevalecieron los enemigos de Israel y mataron muchos soldados. Los oficiales, pensando que sería una solución, mandaron a buscar el arca de Dios que estaba en el tabernáculo para llevarla en la próxima embestida, considerando que en ese mueble, también iría la presencia del SEÑOR con ellos para darles la victoria.

En un primer momento los filisteos temieron ante la presencia del arca, pero luego animaron a sus tropas a luchar con más energía para no llegar a ser esclavos de Israel. De esa manera ganaron nuevamente otra batalla en la cual murieron los dos hijos de Elí, Ofni y Finees, tal como lo había predicho el varón de Dios.

Un hombre de la tribu de Benjamín corrió desde el campo de batalla y, al llegar a Silo, transmitió la noticia de la derrota. Un clamor resonó por todo el pueblo.

Elí tenía en ese momento noventa y ocho años y estaba ciego, pero cuando oyó el clamor, preguntó qué había acontecido. El mensajero le dio el informe y cuando mencionó que el arca de Dios había sido capturada por los enemigos, Elí cayó de espaldas de su asiento junto a la puerta y se quebró la nuca, falleciendo al instante. Además de viejo, era demasiado gordo.

La esposa de Finees estaba próxima a dar a luz. Cuando se enteró de que habían capturado el arca de Dios y que su suegro y su esposo habían muerto, entró en trabajo de parto y dio a luz. Ella murió después del parto, pero antes de que muriera las parteras trataron de animarla: "No tengas miedo —le dijeron—, ¡tienes un varón!"

Pero ella no contestó ni les prestó atención. Al niño le puso por nombre Icabod (que significa "¿Dónde está la gloria?") porque dijo: "La gloria de Israel se ha ido".

Pasó el tiempo. Dios ordenó a Samuel que ungiera a David por rey en lugar de Saúl, quien había sido elegido rey a pedido del pueblo. Cuando éste se enteró, comenzó a perseguir al nuevo monarca, quien tuvo que huir para salvar su vida. En esa huída, pasó por la ciudad de Nob, donde pidió ayuda. El sacerdote Ahimelec le dio los panes de la proposición, que era la única comida que tenía y la espada del gigante Goliat con la que el mismo David lo había matado. Pero justo en ese lugar estaba un sirviente del rey Saúl, llamado Doeg, quien escuchó la conversación del sacerdote con el fugitivo. Cuando volvió al palacio, se lo hizo saber a su monarca, éste ordenó de inmediato la ejecución del sacerdote Ahimelec con toda su familia. Pero el odio de Saúl no se calmó con esas muertes, sino que mandó a exterminar a todos los habitantes de la ciudad de Nob. Murieron ochenta y cinco sacerdotes en total que aún llevaban puestas sus vestiduras sacerdotales y todas sus familias: hombres, mujeres, niños y recién nacidos, junto con el ganado, burros, ovejas y cabras.

El único que se salvó fue Abiatar, uno de los hijos del sacerdote Ahimelec, que logró huir y se refugió donde estaba David. Éste lo recibió con gusto porque trajo consigo el efod con el pectoral desde donde el rey pudo consultar al SEÑOR para saber qué debía hacer.

Después de asumir el trono, y siendo ya David anciano, su hijo Adonías se proclamó como nuevo rey de Israel, con la alianza de Joab, el general del ejército y Abiatar, el sacerdote.

Natán, el profeta, le informó de esto a David, el cual nombró a su hijo Salomón como sucesor del trono. Después de la muerte de su padre, Salomón confirmó su reino matando a todos los enemigos que había tenido su antecesor. Luego el rey dijo al sacerdote Abiatar: "Regresa a tu casa, en Anatot. Mereces morir, pero no voy a matarte ahora porque tú cargaste el arca del SEÑOR Soberano para David, mi padre, y estuviste con él en todas sus dificultades".

"… De ese modo Salomón expulsó a Abiatar del cargo de sacerdote del SEÑOR, y así se cumplió la profecía que el SEÑOR había dado en Silo acerca de los descendientes de Elí" (1 Reyes 2:26-27).

He sintetizado esta historia para corroborar que el pecado siempre nos alcanzará. Y no solamente a nosotros, sino también a nuestros descendientes.

Estoy casi segura que Ofni y Finees no empezaron con pecados tan groseros. Como sucede siempre, nuestros primeros pecados son apenas perceptibles. Pero como a veces pensamos que el SEÑOR no obra, o que hasta tolera dichos pecados, éstos se van aumentando hasta un punto que, por falta de arrepentimiento, Él tiene que intervenir drásticamente.

La peor consecuencia es cuando esto sucede a nivel de las autoridades de la iglesia o de sus líderes.

Desgraciadamente tengo muchos ejemplos al respecto, pero quiero referirme brevemente a uno que me tocó vivir de cerca porque involucró a alguien, muy querido para mí.

Era un muchacho joven, lleno de vida y entusiasmo, líder en la iglesia, director del coro y cuyos mensajes, por lo general, muy breves, nos hacían temblar de temor al SEÑOR.

Tenía alma de pastor. Siempre estaba atento al rostro y las actitudes del grupo que conducía. Se ganó el cariño de todos. Era respetado por su sabiduría y un estudioso de las Escrituras.

Pero, como dice 1 Corintios 8:1 (RVR60), "El conocimiento envanece" y él creyó que su capacidad lo hacía inmune a "las asechanzas del diablo".

En 1 Corintios 10:12 leemos: "Si ustedes piensan que están firmes, tengan cuidado de no caer". Él pensó que estaba firme y que no podía caer. Pero Satanás, no solamente lo hizo caer, sino que lo "revolcó" en el pecado. A tal punto que él mismo creía que ya no tenía perdón de Dios.

No escuchó a nadie que quisiera hacerlo reflexionar. Había sido excomulgado de la iglesia y un día que intenté hablar con él, me contestó: "No te preocupes, yo sé que el SEÑOR me va a mandar un cáncer que me va a matar".

Yo me estremecía con sólo pensarlo. Pero sucedió exactamente como él lo predijo. Pienso que conocía tan bien al SEÑOR, que inclusive sabía lo que le esperaba. Su cáncer duró dos años, más o menos. Estando ya postrado, Dios tuvo misericordia de él y pudo arrepentirse. Mandó una carta a la iglesia (porque ya no podía ni caminar), pidiendo perdón por todo el daño que les había hecho. Especialmente a los jóvenes a los cuales había liderado. Cuando se leyó la carta, no hubo nadie en la iglesia que pudo contener el llanto. Todos lo queríamos, a pesar de lo que había pasado, pero él sintió que no merecía ese amor. Pasaron tres meses más y el SEÑOR lo llevó a su presencia.

Sé que lo volveré a ver, porque era un hijo de Dios. Pero cada vez que lo recuerdo (como me pasa en estos momentos), no puedo dejar de llorar por él. No solamente porque se fue con apenas cuarenta años recién cumplidos, sino por la cantidad de dones y talentos que se fueron con él a la tumba.

En sus últimos días, varias noches me quedé a cuidarlo. Casi no dormía. Constantemente me pedía perdón a mí, a mis hijos (que lo querían con locura), y a cuántos conocidos tenía. Yo lo escuchaba y se me desgarraba el corazón, porque sabía que su partida era inminente. Les aseguro que fue la experiencia más triste de mi vida. Pero quiero cumplir con algo que me dijo antes de morir. Él me pidió por favor, que, cada vez que pudiera, contara la experiencia de su vida, para que sirviera de ejemplo a los jóvenes y ¡nunca llegaran a cometer el error que él cometió! Estaba totalmente arrepentido, pero sabía que ya era tarde.

Una de las noches que me quedé con él le pregunté:

–¿Alguna vez pudiste disfrutar tu pecado?

Y él me contestó con mucha firmeza:

–¡Nunca! ¡Nunca!

A lo que yo le volví a preguntar:

–¿Entonces, por qué no volviste al SEÑOR a tiempo? Él te hubiera perdonado. No hay pecado que la cruz de Cristo no limpie.

Con mucha tristeza me contestó:

–Es que yo pequé sabiendo perfectamente lo que hacía. No fue por ignorancia.

¡Ojalá que esta historia que me costó tanto escribir sirva

para hacer reflexionar a alguien que está tomando al pecado con liviandad! O quizás, para algún hermano en la fe que ya ha caído. Que no le suceda como al protagonista de mi historia, sino que vuelva al SEÑOR a tiempo.

Recuerden que todo pecado, especialmente de algún líder de la iglesia, tiene el efecto "dominó", porque no solamente nos afecta a nosotros, sino a toda la congregación, como sucedió en el caso mencionado.

¡Que el SEÑOR nos ayude a estar firmes "velando para no entrar en tentación"!

www.ingramcontent.com/pod-product-compliance
Lightning Source LLC
Chambersburg PA
CBHW061259120726